國立臺灣師範大學
歷史研究所 專刊（45）

被創造的疾病
近代中國女同性戀論述之轉變（1920s-1940s）

許維安 著

本書承蒙
郭廷以先生獎學金補助出版
特此致謝

▌ 出版緣起

　　本系出版「國立臺灣師範大學歷史研究所專刊」，迄今已有三十七種。一九七七年二月，張朋園教授接掌所務，為鼓勵研究生撰寫優良史學論文，特擬訂學位論文出版計畫。當時，亦將本系碩士論文榮獲「嘉新水泥文化基金會」、「中國學術著作獎助委員會」等機構獎助出版者列入，即「專刊」第（1）、第（3）、第（5）等三種。迨「郭廷以先生獎學金」成立，由獎學金監督委員會研議辦法，作為補助出版學位論文之用，「專刊」遂得持續出版。

　　郭廷以先生，字量宇，一九〇四年生，一九二六年畢業於東南大學文理科歷史系，曾在國內、外知名大學講學；自一九四九年起，至本系執教。一九五五年至一九七一年，擔任中央研究院近代史研究所籌備處主任及所長，並於一九五九年至一九六二年，兼任本校文學院院長。一九六八年，當選中央研究院院士，是深具國際學術影響力的學者。

　　一九七五年九月，　先生在美病逝。李國祁教授感念　先生的學術貢獻，邀集本校史地系系友籌組基金，在本系設置「郭廷

以先生獎學金」，於一九七七年十月開始頒授獎學金。獎學金設監督委員會，由中央研究院近代史研究所研究員和本系教師共同組成，每年遴選優秀學位論文，補助印製「專刊」經費。三十多年來，本系研究生無不以獲得「郭廷以先生獎學金」獎勵，並以「專刊」名義出版畢業論文，為最高榮譽。

「專刊」向由本系刊行，寄贈國內、外學術機構和圖書館，頗受學界肯定，惟印刷數量有限，坊間不易得見，殊為可惜。經本屆獎學金監督委員會議決，商請秀威資訊科技公司印製發行，以廣流傳，期能為促進學術交流略盡棉薄之力。

今年，適值郭廷以先生逝世四十周年，「專刊」以新的型態再出發，可謂別具意義。謹識緣起，以資紀念。

國立臺灣師範大學歷史學系
二〇一五年九月

▋謝辭

　　自論文開始書寫到寫完當天，一直有些不安，想著會不會有哪邊疏忽了。口試前幾天翻閱室友琤芸的書櫃，抽出義大利歷史學家艾可（Umberto Eco）寫的《如何撰寫畢業論文》，隨意翻到一頁，他正好寫著：「一旦開口說話，你們就是專家。如果發現你們是打腫臉充胖子的假專家，當然更糟，但是你們沒有權利退縮。你們是全人類的言官，以集體之名為那個議題發聲。你們在開口前應該謙卑謹慎，但是一旦開口就該自豪驕傲。」比起以自己的論文為豪，或是充滿自信和別人說故事，以背負責任的角度看待自己的研究成果，更讓我有力量和別人分享我對人類歷史的小小的發現。現在這部書稿即將付梓的心情也像是口試一樣。

　　我能夠窺探到性別史的一角，需要感謝的人很多。我嘗試逐一記下他們的姓名，倘若有被我遺忘者，懇請原諒我的記憶體容量太小。除蒙指導教授黃克武老師悉心提點外，兩位口試委員連玲玲老師、王文基老師亦給予許多寶貴意見，由衷感激。此外，謝謝系上的林麗月老師、陳惠芬老師和葉高樹老師，和讀書會的游鑑明老師與衣若蘭老師，給予寶貴的意見和支持。

　　在漫長的寫書過程中，不少學友讀過此稿，提供許多極有幫助的意見。尤其感謝好友林沛潔，她閱讀一遍又一遍，細心批註和改正，讓我學習到用字精確的重要。還有謝謝學姊王佩心，每次遇到論文困境時，總是跑去她家小坐，配上可口的茶點，和我們彼此譬喻為「互相傷害」風格中推進我繼續書寫論文。謝謝論文寫作衝刺讀書會的夥伴，許琛芸、陳穎賢和黃亮青，每月的論文進度報告，讓我有動力維持每月的文字產量。還有性別精進班和婦女史讀書會的師友們一路支持。感謝在近史所打工時，不時被我抓著討論的學長姊們，謝謝胡學丞學長、陳鴻明學長、柯佳昕學姊、葉韋君學姊、韓承樺學長、江趙展學長不時和我討論內文，和謝謝學妹盤惠秦的技術支援。

　　此外，我身邊還有一群學術圈外的親朋好友，謝謝媽媽、爸爸和阿嬤，一路支持並以我為豪。謝謝好友林琬媖、陳鴻銘和劉于嘉，總是安撫情緒不穩定的我。還有自史懷哲營隊總是支援前線的齊元和劉芮芸，解決我科技障礙和選擇性困難症候群，以及因為貓咪相識的一群網友們，謝謝你們給予的精神糧食和好吃的點心。還有感謝修改論文，協助我照護身體的甘露中醫同仁與唐玫珊醫生，怡賀牙醫的陳以文醫生。感謝協助本書出版的孟人玉編輯的寫作建議與校稿。

目次 contents

第一章
緒章

一、前言

　　2017年5月24日司法院祕書長呂太郎出面公布同婚釋憲結果。根據釋字第748號解釋，現行《民法》「不允許同性婚姻」已與《憲法》第7條及第22條牴觸構成違憲。相關機關應於2年內完成修正，如何修正屬於立法形成範圍，即便2年後修法未完成，同性伴侶仍可直接登記結婚，臺灣將成為亞洲第一個承認同性婚姻的國家。[1]在釋憲結果出爐前，反對同性婚姻者的立場是認為生育為社會的形成與發展之基礎，同性婚姻的通過，將不利於人口發展，進而嚴重影響國家競爭力。對此反對聲浪，大法官解釋文給予回應，特別著重於釐清婚姻與生育兩者並沒有直接關聯。[2]

---

[1]　葉瑜娟，〈同性婚姻釋憲──度過難熬的每一天〉，報導者，2017/5/24。https://www.twreporter.org/a/marriage-equality-top-court-decision。（點閱時間：2017/7/31）。

[2]　〈維護家庭價值、反對同性婚姻入法〉，台灣守護家庭，https://taiwanfamily.

雖然大法官解釋文試圖澄清偏見，但是反同團體仍透過各媒體宣揚「一夫一妻才是自然」、「同性戀違反自然」和「同性戀會亡國滅種」等論述，甚至以「科學」之名，散播各種「同性戀」的錯誤知識。實際上經過一世紀辯論，當代精神醫學與科學，早已將同性戀視為人類多元的性傾向之一。[3]但是，現今反同團體卻以難以驗證的偽科學來支持己方論點，以顯得論述理性且不偏不倚。使得其他讀者只要看到有看似科學、中立的觀點就不斷引用轉載，對於內容與推論之錯誤不以為意。[4]

　　為何迄今反同團體的「偽科學」言論策略仍具影響力，有其歷史發展脈絡可循。二十世紀上半葉，當西方同性戀知識傳入中國時，便是援引科學作為論述基礎，透過「疾病」的觀點看待同性間的親密關係與行為，並賦予其危害「家庭價值」和「強國強種」等意義。對照現今的反對同性者所傳遞的意識型態與論述策略，皆與二十世紀上半葉同性戀概念剛引入時非常相似，可見非難同性戀的言論具有歷史性，因此容易被對此議題不理解的人接受，進而無意識轉發此類資訊。

　　為了解開今日反同論述模式，本文希望梳理近代中國的同性戀論述，以解構反同團體的「偽科學」與家庭價值之間的連結。

---

com/related-posts/artice02。（點閱時間：2017/7/31）。

[3] 陳美華，〈重構親密領域：複數的性、關係與家庭構成〉，收入陳美華、王秀雲、黃于玲主編，《慾望性公民：同性親密公民權讀本》（臺北：巨流圖書公司，2018），頁3-5。

[4] 葉德蘭，〈良言傷人，六月亦寒：台灣反對同性婚姻網路言論探析〉，《考古人類學刊》，第86期（2017年6月），頁74-75。

傅柯（Michel Foucault）曾經嘗試處理類似的議題，他在1976年出版的《性意識史》（*History of Sexuality*），發現自十七世紀以降，「性論述」不停地擴大，「性論述」從婚姻內的性，擴及到外部科學的「性」。科學的「性」展現在四個面向：婦女的身體、兒童的性慾、生育行為和變態的性愉悅，「性」成為控制社會的科學知識工具。[5]延續他對於「性」逐漸成為科學知識的看法，作為性知識之一的「同性戀」概念，便在性科學興起的背景下逐漸成形，並向外傳播至全球各地。

　　受到傅柯啟發，本文將從西方性科學的引介過程，討論中國同性戀概念的形成。在西方性科學傳入中國以前，傳統中國界定性別與性慾的角度與今日不同。以明代醫療科學中，最具權威性的文本《本草綱目》為例，傳統中國在界定男女時，以是否有生育能力為標準。隨著西方生物學與解剖學傳入中國，透過視覺化的解剖圖呈現器官，才促使性別逐漸以可視化的性徵所定義。直到，1920年代，生物性別的知識才廣傳於一般社會大眾，生理性別（sex）因此成為社會的共識。之後以此為基礎，性別的定義方式也日趨嚴謹，不只從生理性別推演性別，個體所慾望的對象（something to be desired）也被作為判定性別的基礎，換言之，個體是否對異性有慾望，成為證明生理性別的標準之一。[6]

---

[5]　"*The History of Sexuality: An Introduction, Volume 1* Summary," https://www.sparknotes.com/philosophy/histofsex/summary/ (accessed on July 1, 2019).

[6]　Howard Chiang, *After Eunuchs: Science, Medicine, and the*

也就是說，邁向現代後新的性別定義包含了性傾向與生物性別，兩者關係密不可分，知識建構也是互相牽制的。兩種性別辨識條件的結合前提，需要塑造兩種性別的身體意義：陽剛的男性與陰柔的女性，之後才能將慾望異性戀化，建立一套異性戀規範（heteronormativity）的社會文化。[7]再者，若不合乎異性戀規範系統對性別與慾望的預設，此類人物則將被「賤斥」（abjection）為疾病、不道德行為或是罪刑，同性戀便曾經作為一種被賤斥的疾病。從上述提及對西方性科學與性別定義的變化，可發現形塑現代性別與性傾向關係密切。所以選擇作為賤斥對象的同性戀概念之視角，可協助我們看見異性戀規範這個系統是如何維繫。

　　除了考慮西方經驗外，也需要加入中國特殊的歷史情境，現代的中國異性戀規範之建立，有兩個條件：一是西方科學，二是民族主義。二十世紀伴隨性科學傳入中國，同時是民族主義興起，中國在保種強國的需求下，承擔生育責任的女性，成為改革的重要對象。在「母強則國強」的前提下，將女性連結國族興亡，知識分子所進行的女性改造，十分重視女性的生育力和母親角色認同。[8]又，步入婚姻與生育的前提是女性必須具備異性戀

Transformation of Sex in Modern China (New York: Columbia University Press, 2018), pp.4-6.

[7]　Cheshire Calhoun著，張娟芬譯，《女同出走》（臺北：女書文化，1997），頁78-80。

[8]　黃金麟，《政體與身體：蘇維埃的革命與身體，1928-1937》（臺北：聯經出版事業公司，2005），頁269。

傾向，因此近代中國的同性戀論述經常與女性一同出現，作為不婚與不生育女性的警惕。如同柯必德（Peter J. Carroll）所發現的結果：近代中國討論女同性戀的論述比例，遠遠高於於男同性戀。[9]因此，本文將特別針對女同性戀論述為例，討論性科學、性別與民族主義交織而成的中國異性戀規範。

整體而言，近代中國對女同性戀的討論，交纏於兩條論述軸線，一條線是性科學知識的流通，另一條則是民族主義形塑的女性典範。這兩條論述交會在知識分子引介與運用的西方性科學著作，其運用的理論資料有：佛洛伊德（Sigmund Freud, 1856-1939）的精神分析學理論、加本特（Edward Carpenter, 1844-1929）的《愛的成年》（*Love's Coming of Age*）以及靄理士（Havelock Ellis, 1859-1939）的《性心理學》（*Psychology of Sex*）。[10]這三本書也是中國知識分子討論性議題時，時常引述三本關鍵性著作，最早在1920年代是這些著作的討論高峰期，一直發展到1940年代，直到中共政權建立後斷裂。中共政權建立後，同性戀有段時間在中國便極少被公開討論，直到1980年代再度浮出檯面，有趣的是，1980年代的性議題討論的推波助瀾下，重印許多民國時期的書

9　Peter J. Carroll, " "A Problem of Glands and Secretions": Female Criminality, Murder, and Sexuality in Republic China," in Howard Chiang, ed., *Sexuality in China: Histories of Power & Pleasure* (Seattle: University of Washington Press, 2018), p 99.

10　Leon Antonio Rocha, "Xing: The Discourse of Sex and Human Nature in Modern China," *Gender & History* 22:3 (November 2010), p. 619.

籍,使得這些論述再次發揮影響。[11]

　　有鑑於1920到1940年代之間所建立的同性戀論述模式,其影響力迄今仍不可小覷,所以本文將集中於1920年代到1940年代的性科學譯作:佛洛伊德、加本特及靄理士三位具有代表性的性科學作品,觀察中國男性知識分子翻譯與運用性科學的模式。以分析科學論述取代儒家權威後,知識分子如何重新以新知識建立符合新時代的性別秩序,尤其再度將試圖走出家庭的女性重新納入異性戀規範,賤斥她們患有同性戀,說服女性步入家庭成為妻子與母親,塑造一個具有現代特色的「異性戀規範」社會。

二、研究回顧

> 典範歷史知識不一定是最真實的過去;它成為典範乃因其最符合當前之社會事實,或最能反映人們對未來社會現實的期盼。更進一步說,一人群共同信賴的典範歷史與傳統文化是掌握知識權力的個人或群體所主張的「歷史」與「文化」。[12]

　　異性戀規範以有形、無形的方式隱藏在各處,也隱匿於典範歷史之中。自1960到1970年代西方經歷了性解放運動、同志人權

---

[11] 桑梓蘭,《浮現中的女同性戀——現代中國的女同性愛欲》,頁184。
[12] 王明珂,《反思史學與史學反思》(臺北:允晨文化公司,2015),頁49。

運動和第二波女權運動，性與性別議題也因此大量出現在眾人眼前。[13]社會期待擁有一個性別多元的未來，歷史學界受到社會氛圍影響，開始書寫屬於性別少數的歷史，呼應社會的現實需求反思過去。

1960到1970年代性學研究開啟新頁，以金賽（Alfred Kinsey, 1894-1956）為先驅，他們試圖證明各種性形式與行為，皆是自然的存在，反對過去將性區分為正常與反常；同時期解構主義興起，學界嘗試顛覆過去所認定的符號意義與社會結構。在兩種學術風氣下，性慾也成為被解構的對象，性學研究不再專屬於自然科學，性慾（sexuality）[14]從過去被認為是自然永恆不變的生理現象，轉變為歷史的產物。[15]

性慾成為歷史學的研究題材，首先開展於觀念史與新社會史領域。譬如觀念史由「論述」（discourse）的方法切入，關懷不同時代看待性慾特質（sexuality）的變化。[16]另一方面，關心社會弱勢群體為中心的新社會史，其核心關懷是挖掘小人物們的生活

---

[13] Stephen Garton, *Histories of Sexuality: Antiquity to Sexual Revolution* (London: Acumen Publishing, 2004), p. 8.

[14] 紀大偉在《同志文學史》一書提及sexuality一詞的翻譯問題，他指出該字彙難以被固定的中譯套牢，過去有多種翻譯，譬如：性傾向、性偏好、性心理、性相、性機制等等，因此紀大偉建議在不同語境下對應不同的中譯。紀大偉，《同志文學史》（臺北：聯經出版事業公司，2017），頁48-49。

[15] Jeffrey Weeks, *What is Sexual History?* (Cambridge: Polity Press, 2016), pp. 33-34.

[16] Stephen Garton, *Histories of Sexuality: Antiquity to Sexual Revolution*, p 3.

經驗與其能動性，讓過去隱藏的人物被看見。[17]因此，新社會史與同志運動的倡議結合，關注被邊緣化的性少數群體，分析社會和文化的壓迫機制。[18]

相關歷史研究日益蓬勃發展，最後成長為獨立的研究群：性史（history of sexuality），此研究群又以同性戀（homosexuality）史長期占據中心位置。以*Journal of the History of Sexuality*期刊為例，該期刊在2002至2008年刊載同性戀為主題之文章超過一半以上，對照異性戀的研究，卻只有一篇期刊，兩者比例十分懸殊。[19]相較於西方蓬勃發展的同性戀史研究，中國史學較少研究者投入，讓人懷疑是否中國社會不適於研究同性戀史？或是史料差異導致需要不同的方法論的提問角度？

以下研究回顧，首先扼要介紹西方「同性戀」的史學發展脈絡，以界定「同性戀」的範圍與關注課題，以作為討論近代中國同性戀史的基礎。之後，對近代中國同性戀史之研究專著做一概觀考察，討論兩類主題：一是針對近代中國史研究使用哪些材料與適合關注的議題；二討論如何運用中國的同性戀史，挑戰主流歷史的異性戀規範。

---

[17] Sarah Maza著，陳建元譯，《想想歷史》（臺北：時報文化出版公司，2018），頁55。
[18] Stephen Garton, *Histories of Sexuality: Antiquity to Sexual Revolution*, pp. 7-8.
[19] Jeffrey Weeks, *What is Sexual History?*, pp. 38-39.

（一）西方同性戀史發展概述

　　1980年代到1990初期，在西方性史學界爆發論戰，其主要問題環繞在：研究者要如何界定同性戀的研究邊界？誰可以被冠上同性戀？什麼是同性戀史？論戰主要區分為兩派：本質主義派（Essentialism）與社會建構主義派（Social Constructionism）。本質主義派以男同性戀運動起家，著重挖掘歷史中同性戀生活方式及自我認同；社會建構主義派以知識建構為基礎，認為性傾向是先被定義後，才有認同，所以同性戀一詞，只能指稱受到現代性科學所影響的一群人，[20]兩派對同性戀的界定之分歧，成為論戰的爭議焦點。

　　樹立本質主義研究的典範，是史家John Boswell。Boswell假設若同性間的情慾是跨越時間與文化的永恆存在，不會因為歷史變化有所差異，那看似不可見的同性戀，只是由於社會壓抑而隱藏於次文化之中。這也讓他抗拒被歸納為本質主義派，而認為論戰是唯實論（realist）和唯名論（nominalist）之爭，前者認為同性戀一直都存在只是被發現，後者是認為同性戀是被創造出來的名稱。Boswell定義自己是唯實論，認為男同性戀（gay）或是女同性戀（lesbian）早早便已存在於早期現代（early modern），換言之存在於性科學出現之前的時代，古老的過去也可找到同性戀的蹤跡。[21]Boswell代表著作《基督教、社會寬容和同性戀》

20　Stephen Garton, *Histories of Sexuality: Antiquity to Sexual Revolution*, p 20.
21　John Boswell, "Revolution, Universals, and Sexual Categories" in Martin

（*Christianity, social tolerance, and homosexuality*）證實他的唯實論假設，他透過早期基督教對於同性關係的包容與接納，發覺浮現的同性慾望（same-sex desire）已經是一種自我意識之展現，足夠被歸納為男同性戀的自我感知（gay sensibility）。[22]

然而，社會建構主義派反對Boswell對同性戀界定的無限上綱，認為本質主義派犯了時代錯置（anachronism）的問題。性慾與性認同是來自個體與他人的互動產生，被建構於語言之中，存在於特定的社會結構的身分標籤，能指稱同性戀，只有該詞彙被創造以後的時代。[23]社會建構主義派的代表史家David Halperin，認為當代的「同性戀」並不是被行為、性慾和性別等表現所界定，而是具有截然不同的主體性，有如一種新物種（species）。因此，當代所稱的同性戀是新範疇，和過去思考同性之間的關係，是完全不同的邏輯，不能一概而論。[24]因此，社會建構主義派不使用同性戀或異性戀稱呼過去的同性關係，譬如：Gregory M. Pflugfelder，《慾望的地圖繪製法：1600-1950年代日本論述中的男男性慾》（*Cartographies of Desire: Male-Male Sexuality in Japanese*

Duberman, Martha Vicinus and George Chauncey, Jr. eds., *Hidden from History: Reclaiming the Gay and Lesbian Past* (NY: Meridian, 1990), pp. 17-36.

[22] Stephen Garton, *Histories of Sexuality: Antiquity to Sexual Revolution*, p 20.

[23] Stephen Garton, *Histories of Sexuality: Antiquity to Sexual Revolution*, pp. 19-29.

[24] David M. Halperin, *One Hundred Years of Homosexuality* (NY: Meridian, 1990), p. 43.

Discourse, 1600-1950），[25]他則是以男男性慾（male-male sexuality）取代同性戀一詞，以避免時代錯置。

但是，若男男情慾或女女情慾它們不是同性戀，它們又是什麼？Halperin隨後受到來自於酷兒理論家賽菊寇（Eve Kosofsky Sedgwick）的挑戰，賽菊寇砲火直指Halperin的著作《一百年的同性情慾》（*One hundred years of homosexuality*），該書主張十九世紀末出現一種同性情慾關係（同性戀），取代了過去的多種情慾型態（雞姦、性倒轉等），但過去的多種情慾型態都不同於今天我們認識的同性戀。[26]賽菊寇質疑社會建構派是在塑造傳統與現代之間的對立。實際上，當代同性戀仍是多種互相矛盾的情慾型態共存著，性別認同、性傾向、與性行為有多種組合，甚至是矛盾的組合出現。她認為要界定出同性戀明確定義十分困難，因此，她建議將同性戀視為一個連續定義的領域（field）。[27]此次交鋒，促使Halperin提出新見解，他認為賽菊寇的質疑與社會建構主義並不衝突，矛盾情慾型態的共存，正是情慾在歷史發展過程中重疊與積累。隨後Halperin修正堅持，放棄對同性戀只能指稱近現代，不再稱呼是社會主義建構，而改以歷史主義派

---

[25] Gregory M. Pflugfelder, *Cartographies of Desire: Male-Male Sexuality in Japanese Discourse, 1600-1950* (Berkeley: University of California Press, 1999).

[26] David M. Halperin, *How to Do the History of Homosexuality* (Chicago: Chicago University Press, 2002), p. 10.

[27] Eve Kosofsky Sedgwick, *Epistemology of the Closet* (Berkeley: University of California Press, 1990), P. 45. David M. Halperin, *How to Do the History of Homosexuality*, p. 11.

（Historicism）進行性史研究。[28]

　　歷史主義派開啟了新課題，Halperin在〈如何製作男同性戀史〉（How to Do the History of Male Homosexuality）一文，提議新階段要是開創新的情慾型態（model），透過比照今昔的同性戀的定義差異，將有助於發現曾經存在著其他情慾的邏輯和論述。[29]以Halperin設立一項情慾型態「柔弱」（effeminacy）為例，他觀察到過去有很長一段時間，「柔弱」一直被視為男同性戀的特質。但比對當前男同性戀的特質，「柔弱」是屬於個人性別特質，不一定是性傾向。例如早在希臘時期「柔弱」也可以描述在男性身上，而他不一定是同性戀。[30]「柔弱」作為一種情慾型態，如何與男／男同性戀連結又如何斷裂關係，其中的邏輯與變遷，便是Halperin的歷史主義下的新課題。換句話說，新階段不只是處理同性戀本身，更是以同性戀作為研究取徑，挖掘更多元的情慾型態，挑戰以往性別認同和親密關係的固定信念。

　　此外，社會建構派的Jeffrey Weeks也提出新的研究方向，他試圖以同性戀作為一種分析工具，拆解異性戀規範（heteronormative）的歷史，以突破性史的研究現況，影響主流歷史敘述。尤其是，Weeks認為對於異性戀的形塑和界定，是伴隨著它的他者（Other）——同性戀——一同變化。因此，同性戀史可作為取

---

[28] David M. Halperin, *How to Do the History of Homosexuality*, p. 12.
[29] David M. Halperin, *How to Do the History of Homosexuality*, pp. 104-137.
[30] David M. Halperin, *How to Do the History of Homosexuality*, pp. 110-113.

徑，以重新思考同性戀與異性戀如何演變成二元區隔（binary divide）關係。[31]

　　整體而言，經歷本質主義派與社會建構主義派的論戰後，共同發現要明確定義同性戀，是一件困難、也不切實際的事情。因此，史家改由嘗試開發其他對同性戀史的提問方式，力圖與主流異性戀史對話。

（二）近代中國的同性戀

　　同性戀史是否如同Halperin與Weeks所言，可以突破熟悉的框架，仍有待觀察，以下筆者以兩類主題，探討中國目前已研究的情慾論述和異性戀規範。筆者必須先說明為何使用「情慾論述」指稱中國的性慾現象，而不用Halperin所說的型態，因為在現有中國史研究仍未歸納出特定模型，可以明確規納性慾，所以這裡將使用情慾論述一詞，強調過去研究對於材料性質和特殊行為的關注差異。首先討論過去情慾論述的研究，使用了哪些史料，並以此開展那些特定議題；之後比較前人的情慾論述研究，分別以什麼方式與面向挑戰了異性戀規範。

●情慾論述

　　相較於西方學界激烈爭議，到最後合流為歷史主義，晚近的

---

[31]　Jeffrey Weeks, *What is Sexual History?*, pp. 81-82.

近代中國同性戀史著作，幾乎全面倒向社會建構主義的立場。這些深受社會建構主義典範影響的研究者，他們不認為慾望是永恆不變的定義，因此在討論相關概念時，以「同性情慾」作為分析策略，研究焦點也放在各時代對於同性情慾之形塑上。直到近現代同性戀一詞傳入中國，文學研究便開始試圖從小說當中尋找正在浮現的男同性戀或是女同性戀的認同。

Halperin以社會建構論，分析五種男同性戀的情慾型態：陰柔氣質、雞姦、友愛、性倒轉及同性戀。[32]在中國情境中，因為文化與歷史發展不同，並不是以情慾模型為研究主軸，而偏向在不同文本發現同性情慾展現方式之差異。目前近代中國對於同性情慾研究，根據使用材料可區分三類：通俗論述（popular discourse）、法律論述（legal discourse）及醫療科學論述（medical discourse）[33]，以下分述這三類論述使用的材料和課題。

首先是通俗論述。分析通俗論述的史家著重於具有商業性質的書籍及其他刊物，這類文本有廣大的閱讀群眾，相較於易懂的內容。[34]此類史料最為豐富，包含小說、雜誌和報紙都屬於該類型，並以此理解大眾社會如何理解同性情慾。再者，這類通俗文本，發展極早，數量豐富，使得此類研究數量眾多且研究的歷

---

[32] David M. Halperin, *How to Do the History of Homosexuality*, pp. 104-137.

[33] 此分類方式參考Gregory M. Pflugfelder, *Cartographies of Desire: Male-Male Sexuality in Japanese Discourse, 1600-1950* (Berkeley: University of California Press, 1999).

[34] Gregory M. Pflugfelder, *Cartographies of Desire: Male-Male Sexuality in Japanese Discourse, 1600-1950*, p. 9.

史時期被推至更早。自明清時期便有相關的筆記小說，如袁書菲
（Sophie Volpp）〈規範色慾：十七世紀的男色觀點〉一文，她提
出士人的男色書寫，處於看似贊同與抑制的矛盾狀態，實際上更
是展現士人定義男色的企圖，以此評價好壞。[35]相關男色研究眾
多，不一一贅述，但前人研究已扭轉對過度簡化男色概念，過去
世界不是一個包容性多元的烏托邦。

　　隨著在二十世紀初期同性戀（Homosexuality）一詞先傳入日
本，再從日本輾轉到中國，譬如中文的「同性愛」一詞便是援引
和製漢字：「同性愛」（どうせいあい），再以此為基礎，中
文創造了其他變體，如：「同性戀愛」和「同性戀」。[36]康文慶
（Wenqing Kang）處理傳統到現代的詞彙變化，同性情慾從眾聲
喧嘩的狀態，定調為一種疾病名詞。他透過小說、雜誌和小報分
析中國傳統用詞，如：龍陽癖、斷袖癖的「癖」一字，具有「疾
病」和「特定少數人」兩種特質，因此，在中國引進與接納西方
同性戀概念時提供嫁接西方知識之管道。[37]

　　中國史研究因為史料性質之故，所以多數都在討論傳統的男
色，反映的是傳統的男性中心社會，菁英分子所塑造以男性菁英
為主體的情慾故事，女性只是情慾的客體。但此同性情慾的結論

---

[35] 袁書菲（Sophie Volpp），〈規範色慾：十七世紀的男色觀點〉，收入張宏生主
　　編，《明清文學與性別研究》（南京：江蘇古籍出版社，2002），頁380-388。
[36] 桑梓蘭，《浮現中的女同性戀——現代中國的女同性愛欲》，頁111-112。
[37] Wenqing Kang, *Obsession: Male Same-Sex Relations in China, 1900-1950*
　　(Hong Kong: Hong Kong University Press, 2009), pp29-33.

是否能套入女性經驗，是值得疑慮。首先突破該性別困境的是，桑梓蘭的《浮現中的女同性戀──現代中國的女同性愛欲》[38]，她從分析明清小說和近代報刊中的翻譯文章、白話文小說為主，挑戰過往無人研究的女同性戀情慾課題。她一方面勾勒出隨著時間發展，女同性愛慾成為一個重要的社會議題。另一方面則是女同性愛慾逐漸從女性意識的精神性，轉變到愛戀、情慾和主體認同。

不同於男同性情慾研究，有傳統詞彙作為關鍵字，如男色、斷袖和龍陽癖等，桑梓蘭在搜尋女同性愛慾時，需要大海撈針尋覓女性間的情感，以精神性愛情和肉體的性行為當作辨別方式，廣泛收羅素材。女同性戀史的資料稀缺，不只是中國，西方也有同樣的困境。因此，Judith M. Bennett提出一種解決方式，擴大對女同性戀的定義，以類女同性戀（Lesbian-Like）作為歷史的分析工具。類女同性戀不以慾望作為定義性傾向標準，而改以行為（脫離家庭控制），例如：女扮男裝、單身、同性社群和寡婦等，視為類女同性戀，發掘女性的自主和豐富情感交流。[39]回到中國社會，類女同性戀作為歷史的分析工具，就以方法論而言，沒有太大的文化限制，也可以解決中國史研究上史料的困境，可以對女同性戀的社會史更清晰。但，此操作方式並沒有在中國史

---

[38] 桑梓蘭，《浮現中的女同性戀──現代中國的女同性愛欲》（臺北：國立臺灣大學出版中心，2014）。

[39] Judith M. Bennett, "'Lesbian-Like' and the Social History of Lesbianisms," *Journal of the History of Sexuality* 9, no. 1/2 (2000), pp. 1-24.

上流行，類女同性戀作為一種分析方式，並沒有在中國史流行，目前並沒有將歷史中女性的男裝、單身、寡婦和同性社群做為思考女同性戀的生活經驗。因此，這類女性社會活動，並無人將之視為研究史料。主要的材料仍以女性間的愛情與情慾作為判定女同性戀的方式，也因此研究仍是以論述分析為主。

法律論述方面，史家主要分析的材料是政府官方所制定的法律和案件檔案，因此可觀察下層社會的同性戀。代表著作是蘇成捷（Matthew H. Sommer）的《中國晚期帝國的性、法律與社會》（*Sex, Law and Society in Late Imperial China.*）。該書得以成書，是因為中國於1980年代開放地方的法律檔案。[40]在此機緣下，作者透過地方法律檔案所記錄的性行為，分析雞姦案中姦者與被姦者的定義，以討論世人對同性情慾之認識。他發覺「姦」（penetration）的行為，影響在雞姦關係中的雙方性別，被姦者總被看作是陰柔的、女性的，於是被姦的男性如同女性失去貞節般，被視為是一種恥辱；相反的是，姦者雖然在同性情慾中，卻因為是性行為的主動者，所以不會被認為是恥辱。[41]法律論述補足了大眾論述遺漏的另一種階級風貌，理解地方下層社會的性行為的實踐與象徵意義。

但是法律論述有兩種研究限制，其一受限於男性之性行為的

---

[40] Sophie Volpp, "Reviewed Work(s): Sex, Law and Society in Late Imperial China," *Journal of the History of Sexuality*, 10:3/4 (Jul.-Oct., 2001), pp. 588-591.

[41] Matthew H. Sommer, *Sex, Law and Society in Late Imperial China* (Stanford: Stanford University Press, 2000), pp. 1-30.

象徵意義；其二被限制於特定時空，中國法律只有清朝立法限制男性間的性行為。關於第二項限制，康文慶在其專論提及原本研究預期是二十世紀上半同性情慾的社會史，但因為民國建立之後並無設立雞姦法，所以史料不夠支撐而放棄該題目。[42]對此蘇成捷在書評質疑，他對二十世紀上半之法律論述的同性情慾紀錄存在表示樂觀。因為，康文慶反復引用小報，其事件涉及禁止男性賣淫的法律案件、誹謗訴訟及懲罰政府官員與演員合作的緋聞故事，甚至是女性間的同性情殺案的新聞報導。如果在小報中如此頻繁地出現，該類法律案件肯定有一些記錄在檔案中存活下來，以社會史研究同性情慾，仍有很大的開展空間。[43]

　　最後是醫療科學論述，其論述包含學術的醫療知識、以「健康－疾病」知識結構的論述。該論述主要集中於辛亥革命後，因為革命讓政治結構產生劇變，使儒家思想澈底失去往昔光榮。[44]隨後經歷過五四新文化運動，科學更成為了時人辨識知識是否可靠和有效的標準，進而取代儒學成為重組性別結構之權威，[45]譬如性慾的新範疇：同性戀和異性戀，便在引入西方

---

[42] Wenqing Kang, *Obsession: Male Same-Sex Relations in China, 1900-1950*, pp. 6-7.

[43] Matthew H. Sommer, "Reviewed Work(s): Obsession: Male Same-Sex Relations in China, 1900-1950," *The Journal of Asian Studies*, 71:1 (February 2012), pp. 212-213.

[44] 費孝通著，會海明譯，《中國紳士》（北京：中國社會科學出版社，2006），頁34-44。

[45] Frank Dikötter, *Sex, Culture and Modernity:Medical Science and the Construction of Sexual Identities in the Early Republican Period* (Hawaii:

科學時出現，成為理解性慾的新模式。在馮客（Frank Dikötter）《性、文化與現代化：民國時期的醫學與性控制》（*Sex, Culture and Modernity:Medical Science and the Construction of Sexual Identities in the Early Republican Period*）他持批判傅柯之立場，認為性知識不只產生於權力，也產生傳統社會原有對事物的認識，以及權力背後的動因。[46]出於此立場，馮客以性學知識為研究對象，探討中國知識分子如何將科學（知識）與富強建構（權力背後的動因）結合，其中同性戀是馮客舉出三種受到富強目的因素影響下的文明疾病之一。[47]透過比對同時期西方對於同性戀的解釋，發現兩地概念發展不同。如西方日漸肯定同性愛是天生的自然現象和慾望是多元的存在，但中國則是相反。這樣的差異性，讓馮客主張知識從西方轉移到中國後，追求富強、強國強種的強烈氛圍下，中國知識分子選擇把同性戀當作為一種暫時性的反常行為，或是因為同性彼此性交沒有生殖力而被非難。[48]

後續對於近代中國同性戀概念的研究成果，讓學者討論的主體從身體、生理、生物現象轉向精神面向。[49]發現性學並非鐵板

University of Hawaii Press, 1995), pp. 3-10.

[46] 馮客，〈對孫隆基先生〈論中國史之傅柯化〉的回應〉，《中央研究院近代史研究所集刊》第44期（2004年9月），頁197。

[47] Frank Dikötter, *Sex, Culture and Modernity: Medical Science and the Construction of Sexual Identities in the Early Republican Period*, pp. 3-10.

[48] Frank Dikötter, *Sex, Culture and Modernity: Medical Science and the Construction of Sexual Identities in the Early Republican Period*, pp. 137-145.

[49] Howard Chiang, "Epistemic Modernity and the Emergence of

一塊，而是一個正在建立的知識體系，各種知識在此領域下彼此競爭。因此不能只將中西性知識的差異，歸因於民族主義興起所致。姜學豪（Howard Chiang）的〈認識論的現代性與中國同性戀的出現〉（Epistemic Modernity and the Emergence of Homosexuality in China）一文，更深入分析知識內涵的差異。馮客把一切知識歸納為科學，但姜學豪則透過分析潘光旦（1899-1967）與張競生（1888-1970）在性知識筆戰，發覺更細緻的學科差異。姜學豪認為唯有大眾對心理學與生物學等知識，先有理解與信任下，大眾才得以理解現代的同性戀概念，讓後續以醫學論述為中心的同性戀得以成為主流。[50]但是姜學豪並沒有針對心理學和生物學等脈絡追溯「同性戀」如何做為知識傳入，心理學和生物學又如何先被大眾所認識，不同知識體系如何競爭等等問題，這些都需要再繼續探索。

但是醫療論述只討論譯本的同性戀概念，中國社會大眾如何實踐新概念，則是一片空白。這部分可從讀者投書中尋覓，譬如《西風》雜誌的「西風信箱」，有讀者來信請教自己是否是同性戀，展現出對性向的惶恐不安。[51]雖然不確定這類史料的多寡，但是若可以挖掘這類材料，對於二十世紀上半葉，同性戀作為一種

Homosexuality in China," *Gender & History*, 22:3 (November 2010), pp. 629–657.

[50] Howard Chiang, "Epistemic Modernity and the Emergence of Homosexuality in China," *Gender & History* 22:3 (November 2010), pp. 629–657.

[51] 盲人，〈同性戀者的惶惑〉，《西風》，18期（1939年），頁507-509。

浮現的情慾認同，是如何被理解與實踐，會有更清楚的歷史圖像。

　　整體而言，從通俗、法律和醫療科學論述，觀察過去同性情慾的研究，皆受到建構主義影響，著重於挖掘與解構社會對於同性情慾的理解。但三種論述，有其發展研究主題的差異：大眾論述著重於同性戀的詞彙變化和情慾如何被作者展現與理解，尤其以菁英男性為研究主體。法律論述受限於清代下層男性的性行為。科學論述則重視近現代的中西知識交換，男女同性戀的材料較為平均。

　　本研究將延伸建構主義的研究方式，從女同性戀史料較多的大眾論述與科學論述著手，並結合兩種論述的研究方向。一方面，是科學論述如何流通並普及於大眾，大眾如何理解女同性戀。另一方面，是透過勾勒女同性戀科學知識體系的建立經過，各種理論之間如何相互競爭，藉以分析此過程所展現出的歷史意義。

●性別形塑與異性戀規範

　　上述三種論述環繞討論不同史料性質下的同性戀概念。然而，如同Weeks所呼籲，必須將同性戀史作為一種分析工具，藉此拆解異性戀規範的歷史發展。接下來要進一步探問，目前研究成果是否可作為質疑的主流性別秩序，以達到突破異性戀的思維方式、抗拒歷史書寫中的異性戀偏見。

　　建立異性戀規範的前提，是形成兩種性別的身體與文化：陽

剛的男性與陰柔的女性，之後才將慾望異性戀化。[52]但研究者多從追求國族富強的脈絡，討論同性戀概念的形成過程，並未觸及異性戀與性別秩序變化。馮客的研究顯示，二十世紀上半葉中國在國族建構的氛圍下，知識分子大多認為國家興盛與否，其關鍵是性與生育。因此西方性知識傳入後，縱使西方已經傾向認為性慾具有多樣性，同性戀是慾望多樣性的展現；但中國知識分子多仍選擇認為人類只有一種慾望衝動，生育是唯一動因，因此同性戀被解讀是短暫的、可以被改變的惡習。[53]馮客揭示民族主義在此時具有的強勢論述地位，導致所有的性知識的挪用與解讀，都回應中國對強國強種的需求，同性戀也是其一。

康文慶與許維賢延續反思國族建構，並加入男性氣概切入討論男同性戀。康文慶認為，打造陽剛國族的氛圍，不只讓陰柔化的男同性戀形象汙名化，這也促使京劇力圖抹削過去旦角演員與資助者涉及性關係之歷史，試圖建立旦角的異性戀形象。許維賢的《從艷史到性史：同性書寫與近現代中國的男性建構》[54]以張競生作為個案，發覺張競生對於兩性的二元化分，是為了服務於強種救國，促使他視同性戀視為變態。

整體來看，自馮客以來，歷經康文慶和許維賢的男同性戀史

---

[52] Cheshire Calhoun著，張娟芬譯，《女同出走》，頁78-80。

[53] Frank Dikötter, *Sex, Culture and Modernity: Medical Science and the Construction of Sexual Identities in the Early Republican Period*, pp. 137-145.

[54] 許維賢，《從艷史到性史：同性書寫與近現代中國的男性建構》（桃園：國立中央大學出版中心，2015）。

研究，解構民族主義與性別氣質，誠然是一個強勢的論述，甚至成為固定詮釋的公式。但，假使只考慮民族主義和男同性戀，無法挑戰根深蒂固的異性戀思維方式。如同曼素恩（Susan Mann）所提問：為何中國從晚期帝國轉變為現代國家，縱然以性別作為新觀念、新的範疇，它影響許多領域的變遷及重塑社會秩序。但是，為什麼異性戀規範式的慣習，例如男／女、丈夫／妻子仍然穩固，父系的家庭系統毫無受損？[55]換句話說，民族主義影響中國對性知識的挪用，改變社會對同性戀的理解，但實際在背後運作的是更深層的結構，仍舊是一個異性戀規範的思考框架。換言之，這是現代與傳統延續的問題，將婚姻與生育視為責任的概念，並沒有被現代知識所解構，而是依然在背後運作著。

　　因此，桑梓蘭的著作別具意義。她發現社會對女女情慾的認知變遷，從「未構成焦慮」進而逐步認為是需要「管控」的現象。在傳統社會價值觀中，不管是誰必定步入婚姻，因此同性間親密關係被認為無害、可以忽略的，社會真正在乎的是結婚與生育與否，而非性傾向。桑梓蘭形容傳統中國女性是「強制婚姻」而非「強制異性戀」。直到二十世紀初，女性有權力決定是否要步入婚姻之後，此時強力的異性戀機制便開始運作。桑梓蘭透過女同性戀作為分析工具，顯現出異性戀機制與性別權力所具有的衝突，女性自主權力上升，異性戀機制反而開啟運作。

---

[55] Susan L. Mann, *Gender and Sexuality in Modern Chinese History* (Cambridge: Cambridge University Press, 2011), p. xvii.

過往傳統時期異性戀機制運作較弱，但不能說沒有此一機制。從蘇成捷發現，官方法律是以異性戀標準理解男性間的雞姦關係，譬如性別化雞姦性行為中的角色，把受姦者套上等同性行為受體的女性標籤上。從桑梓蘭和蘇成捷的研究，可見目前已經開始以同性戀為材料，碰觸到異性戀規範的存在。總之，桑梓蘭重視的是大眾論述和女同性戀，蘇成捷關心法律論述和男性的雞姦，這兩種論述下異性戀規範展現的特質都不同，前者重視婚姻，後者重視性行為方式。但，目前研究都尚未深入討論科學論述中的異性戀規範，具有何種特色。

　　異性戀是一種社會群體，他們透過與同性戀作區隔，以建立主體認同、有利於異性戀的社會制度和資源。從通俗、法律和醫療科學論述皆受異性戀規範的影響，透過拆解論述的過程，可逐步去窺見結構性的真貌。同性戀史便是透過拆解各種論述中的異性戀規範，理解性別秩序的一角。因此，研究同性戀史梳理同性戀的歷史脈絡外，更是豐富對中國社會文化的認識。

　　值得注意的是，這套異性戀規範，在面對傳統儒家價值崩解，被科學知識取代，此社會規範並沒有動搖，許多科學知識與新價值仍為異性戀規範所服務。在面對新興的女權主義挑戰下，女性開始步入公共領域，有了獨立的可能性，異性戀規範開始動搖。對此，中國男性知識分子選擇援引科學論述，攻擊女權主義思想和女性不婚的行為。因此，本文將以科學論述為主，補充這一論述的空白，分析傳統的異性戀規範思想，以何種方式與新科

學知識結盟。本研究以同性戀論述為研究取徑，觀察近代中國知識分子如何以科學論述穩固與重建傳統中國的男／女、丈夫／妻子的模式。

三、研究方法與架構

本文以佛洛伊德的精神分析學理論、加本特的《愛的成年》以及靄理士的《性心理學》為核心材料，探討科學論述與中國的異性戀規範如何結盟，並共同形塑女同性戀之概念，並讓同性戀成為賤斥逃逸於異性戀規範的力量。這三位重要的思想家，在中國的發展狀況，皆有前人研究涉及，只是討論的角度並非以同性戀為主，而是放在心理學發展、婦女與家庭，以及翻譯著作上。若以同性戀為主要論述，這些著作也多擔任配角，並未被作為重要的研究文本。但是，從全球史的角度而言，這三種理論在同性戀史上有重要意義，各國研究同性戀皆會碰觸到同樣的文本。因此，深入討論這三種性科學知識有其必要，並且可比較出中國的現代性與他國的差異。本文將配合這三種文本的共性與各自特色，交替使用三種研究方法，分別是：論述分析（discourse analysis）、傳播的迴圈（the communications circuit）和翻譯的「文本比對」。

首先是論述分析。因為史料特性之故，本文將這兩主軸，分成醫療論述與大眾論述兩者合併討論。參考Gregory M. Pflugfelder，

《慾望的地圖繪製法：1600-1950年代日本論述中的男男性慾》（*Cartographies of Desire: Male-Male Sexuality in Japanese Discourse, 1600-1950*）的研究方法。Pflugfelder透過論述分析，將研究範疇切割為三種領域分別討論，他區分為：醫療科學、法律、大眾論述，探究三類論述範疇的交互作用和競爭。最後，是由醫學的性慾範式——「正常與變態」、「健康與疾病」二元論述——成為二十世紀的主流，法律與大眾論述皆被病理為特色的同性性慾所影響。[56]本文將以醫療科學論述與大眾論述二者為分析範疇，但捨棄法律論述領域，因為民國時期官方並無設立同性情慾相關法律，沒有此類史料可以使用，所以只討論科學與大眾論述二者。

次之則是傳播的迴圈，參照美國書籍史史家丹頓（Robert Darnton）設計出一套分析模型：「傳播的迴圈」。該模型是書的生命史，是從作者到出版商、印刷到流通、銷售到閱讀為一個循環，參與此循環的有作者、出版商、印刷商、運輸商、銷售商，最後到達讀者手中。讀者是該循環終點，因為他們的回饋又會影響了作者，於是新的循環又一次開始。在循環的過程，參與者會共同創立的思想之意義、建立彼此認同與改變社會文化。[57]本文處理的加本特的《愛的成年》、靄理士的《性心理學》以及

---

[56] Gregory M. Pflugfelder, *Cartographies of Desire: Male-Male Sexuality in Japanese Discourse, 1600-1950* (University of California Press, 2000).

[57] Robert Darnton, "What Is the History of Books," in *The Kiss of Lamourette: Reflections in Cultural History* (New York: Norton, 1990), pp. 107-135.中文參閱：涂豐恩，〈明清書籍史的研究回顧〉，《新史學》，二十卷一期（2009年3月），頁187-189。

佛洛伊德的精神分析學理論，三書在中國皆曾出版流通，進而造成社會對性別角色之認同與改變，形成新的價值觀。因此將會參照此框架，分析思想傳播於大眾的狀況。

本文主要分析三本書，第一本是潘光旦（1899-1967）利用精神分析學理論，分析明代才女馮小青（1595-1612）的系列作。潘光旦1924年在《婦女雜誌》發表的〈馮小青考〉，1927年由新月書店邀稿擴編成書《小青之分析》，1929又修正書名為《馮小青：一件影戀之研究》再版。該著作直接體現了三個面向，第一、當代知識分子挪用精神分析學理論的狀況；第二、新知識分子在重建性別秩序時，需要將科學與傳統嫁接；第三、傳播後讀者的回饋。綜合所觀，該書系可反映當時一部分對同性戀的理解過程。

第二本書是愛德華・加本特《愛的成年》與該書的核心概念「中性論」，該書遍及歐洲、印度、日本、北美和澳洲，[58]加本特傳遞的中性論思想，影響響深遠，如現代同志人權運動創辦人哈利・海伊（Harry Hay, 1912 -2002），在他的自傳便回憶年少時在學校圖書館翻閱《愛的成年》後，才開始認同自己的同性戀傾向。可見加本特與《愛的成年》在西方同性戀歷史中地位之高。[59]有趣的是，二十世紀初該書也被翻譯引入中國出版，成為

---

[58] Sheila Rowbotham, *Edward Carpenter: A Life of Liberty and Love* (London: Verso, 2008), p. 2.

[59] Martin Meeker, *Contacts Desired: Gay and Lesbian Communications and Community, 1940s-1970s* (Chicago: University of Chicago Press, 2006), p. 7.

解釋同性戀的另一種論述，但在翻譯的過程中，中性論所傳遞的同性戀思想卻沉寂下來無人認識，中國譯者的翻譯策略的差異，值得探討。

第三本是潘光旦翻譯的《性心理學》，該書出版時間比前兩者較晚，直到1940年代潘光旦才完整翻譯該書並出版。靄理士在西方的性科學研究，最重要的貢獻，指出許許多多的性行為都是正常的，也對同性戀提出新的評價。值得注意的是，西方性科學研究，大抵可分為兩派：一派是佛洛伊德的精神分析學，另一派是其他性學專家，如靄理士。後來的西方性科學史研究也會將兩種學派獨立進行討論，或探究這兩派研究方法的分歧原因。[60] 然而在中國，這兩派被視為不相容的思想同時被潘光旦接納，並整合為一連貫的思想體系。因此，分析潘光旦前後援用的性科學知識，將有助於審視同性戀概念的內涵變化。

透過丹頓的「傳播的迴圈」模型，分析三本書在中國的發展，從作者或譯者生產該書的背景與企圖，出版社的市場敏銳度反映時代需求，以及讀者關注的重點與獵取的部分，拆解出同性戀在形構過程的三段環節：生產、宣傳和閱讀。在該三段環節中，可以探問作者／譯者的同性戀知識來源、寫作的企圖。出版社和作者／譯者間的協商，可探問同性戀的市場價值；出版社的

---

[60] Katie Sutton, *Sex between Body and Mind: Psychoanalysis and Sexology in the German-speaking World, 1890s-1930s* (Ann Arbor: University of Michigan Press, 2019), p. 2.

銷售宣傳，可推測此時讀者的性質和閱讀傾向。從讀者的回饋，可評估知識是否有效傳達。

最後，是翻譯的文本比對，因為受限於史料限制，不是每一個環節都有適當的史料可以運用。為了彌補讀者視角的缺乏，本文將譯者視為原典的讀者，透過「文本比對」處理譯文與原典，觀察譯者在翻譯過程中，在文字之間透漏的訊息，以了解譯本的內涵。

全書共有五章，去除頭尾兩章緒論和結論，中間三章分別討論「同性戀」此一概念在傳入中國時，三種不同理解的歷程。第二章〈同性情慾的疾病化：以潘光旦筆下之馮小青為例〉，探討在1920年代心理學初來乍到中國，此學科內容被中國知識分子運用，引導中國社會逐漸以疾病看待同性戀。將利用從潘光旦著作〈馮小青考〉、《小青之分析》和《馮小青：一個影戀的研究》的書寫背景、出版環境和讀者回饋，觀察同性戀病理化與性別的關係。

第三章〈同性情慾去病化之困境：加本特與《中性論》之翻譯與傳播〉，本章利用「文本比對」的方式，比對加本特《愛的成年》出現的四種翻譯版本，分別是：北京晨報社、開明書店、上海亞東圖書館和大江書鋪。從比較四種翻譯版本，觀察整體社會理解去病化論述和疾病化論述的差異。

第四章〈同性戀之女性化傾向：從陶劉慘案到《性心理學》譯註〉，以1932年女同性間的情殺案：陶劉慘案作為分水嶺，觀

察事件前後對同性戀的態度差異。事件之後，因應在社會大眾對同性戀的疑問，因此讓更多相關知識獲得關注，其一便是靄理士的思想理論。但《性心理學》闡述的是同性戀天生論，卻被立場截然相反的潘光旦在1930年代譯註，因此本章將觀察此思想如何和相反的立論結合，成為二十世紀上半葉同性戀的主流論述。

第二章
同性情慾的疾病化：
以潘光旦筆下之馮小青為例

　　五四新文化運動以來，中國出現一套強而有力的「五四婦女史觀」；[1]同時西方科學取代儒學成為重組性別結構之權威。[2]這兩種並進發展的論述，有其相互影響之處。本文將以潘光旦（1899-1967）運用佛洛依德（Sigmund Freud, 1856-1939）的理論，重新詮釋明代才女馮小青（1595-1612）之死為例，論析20世紀上半葉中國知識分子，如何援引西方性科學取代傳統儒家論述框架，重新穩固異性戀的性別秩序與家庭結構。

　　當前在科學與性別史的研究，論者受到全球史的影響，聚焦於西方性科學知識與非西方世界互動、挪用和流通。[3]在近代中

---

[1]　高彥頤（Dorothy Ko）、李志生譯，《閨塾師：明末清初江南的才女文化》（江蘇：江蘇人民出版社，2005），頁1-8。

[2]　Frank Dikötter, *Sex, Culture and Modernity: Medical Science and the Construction of Sexual Identities in the Early Republican Period* (Hawaii: University of Hawaii Press, 1995), pp. 3-10.

[3]　Veronika Fuechtner, Douglas E. Haynes, and Ryan M. Jones, "Introduction," in Veronika Fuechtner, Douglas E. Haynes, and Ryan M. Jones, ed., *A Global History of Sexual Science, 1880-1960* (California:

國史學界，馮客（Frank Dikötter）《性、文化與現代化：民國時期的醫學與性控制》（*Sex, Culture and Modernity:Medical Science and the Construction of Sexual Identities in the Early Republican Period*）是性科學課題的先驅。馮客持批判傅柯的立場，他認為性知識不只產生於權力，也產生於當地人對原有對事物的認識，以及權力背後的動因。[4] 馮客以生物學、生理學的性知識為研究對象，探討中國知識分子如何將性科學（知識）與建構富強國家（權力背後的動因）結合。

後續對於近代中國同性戀概念的研究成果，讓學者討論的主體從身體、生理、生物現象轉向精神面向。[5] 發現性學並非鐵板一塊，而是一個正在建立的知識體系，各種知識在此領域下彼此競爭。此一轉變，使得1941年潘光旦所註譯英國性心理學家靄理士（Havelock Ellis, 1859-1939）《性心理學》（*Psychology of Sex*）兩者成為重要課題。例如，Ting Guo從翻譯史的視角，深論《性心理學》的第五章〈同性戀〉，發現潘光旦同時扮演傳遞知識的合作角色，以及與西方學界知識競爭的積極角色。潘光旦在翻譯正文與註腳之處，大量引用中國詞彙與材料，以挑戰西方知識和論

University of California Press, 2018), p. 3.

[4] 馮客，〈對孫隆基先生〈論中國史之傅柯化〉的回應〉，《中央研究院近代史研究所集刊》，第45期（2004年9月），頁197。

[5] Howard Chiang, "Epistemic Modernity and the Emergence of Homosexuality in China," *Gender & History*, 22:3 (November 2010), pp. 629-657.

點，並藉此刺激與發展中國的本土知識。[6]同樣以翻譯史視角切入的許慧琦，則是研究五四時期前、後的翻譯靄理士作品的知識分子，如張競生（1888-1970）、周作人（1885-1967）與潘光旦（1899-1967）等人。她對照出五四時期前後的翻譯策略如何構築中國「科學化的性」。[7]許慧琦與Ting Guo都注意到性科學如何在中國被轉譯，及其中所蘊含的傳統學術與道德特色。

　　稍早的研究，姜學豪運用論述模式分析潘光旦與張競生的論戰，指出兩人在競爭權威的過程中，「翻譯西方性科學」被視為是一種科學指標；並且使用傳統知識，更容易被視為真實，也較容易獲得權威性。[8]

　　前此研究主要關注潘光旦作為譯者的身分，分析他翻譯靄理士著作的方法與所展現的文化意義，卻忽略潘光旦早期的學術經歷。事實上，潘光旦是一位跨領域學者。他留美時專攻生物學與優生學，回國任教於清華大學社會系，成為一名社會學家，將優

---

[6] Ting Guo, "Translating Homosexuality into Chinese: a Case Study of Pan Guangdan's Translation of Havelock Ellis' Psychology of Sex: a Manual for Students (1933)". *Asia Pacific Translation and Intercultural Studies*, 3:1 (2016), pp. 47-61.

[7] Rachel Hui-Chi Hsu, "The "Ellis Effect": Translating Sexual Science in Republic China, 1911-1949," in Veronika Fuechtner, Douglas E. Haynes, and Ryan M. Jones, ed., *A Global History of Sexual Science, 1880-1960* (California: University of California Press, 2018), pp. 199-202.

[8] Howard Chiang, "Epistemic Modernity and the Emergence of Homosexuality in China," *Gender & History*, 22:3 (November 2010), pp. 629-657.

生學原理運用於社會學研究。[9]潘光旦主要的學術關懷是民族、婚姻與家庭、性知識等範疇,相關著作有《小青之分析》、《中國之家庭問題》、《民族特性與民族衛生》、《中國伶人血緣之研究》;翻譯有《自然淘汰與中華民族性》、《性心理學》等。

潘光旦學術成就使他很早便被世人看作是性學權威。1934年,杭州發生陶劉妒殺案,兩位藝專女學生因為戀愛無果引發情殺。此事爆發後引起全國注目,有人認為此案需要由專家學者研究,因而致信潘光旦,希望他能出面回應此議題。[10]潘光旦被時人視為性議題專家,也影響後來史家對他的關注。不過,論者大多聚焦於後其所翻譯《性心理學》,忽略潘光旦翻譯《性心理學》之前,已經是奠基權威基礎。換言之,研究潘光旦早期的著作,更能理解性科學知識的翻譯策略與意義,尤其是他運用佛洛伊德的精神分析學說分析明代才女馮小青之死的〈馮小青考〉。1927年擴編成《小青之分析》一書。1929年,修正書名為《馮小青:一件影戀之研究》再版。潘光旦在後續所寫的文章中,常常引用的「馮小青研究」,可說是潘光旦研究旨趣與思路的典型作品,[11]可見他的整體學術發展深受此作品書寫經驗影響。

在潘光旦的性科學著作中,另一點值得注意的是知識系統的

---

9   呂文浩,《五四啓蒙思想的延續與反思:潘光旦社會思想研究》(臺北:秀威資訊科技,2012),頁61-82、139-141。

10 光旦,〈陶劉妒殺案的心理背景〉,《華年》,第1卷第1期(1933年),頁4。

11 孫飛宇,〈自戀與現代性:作為一個起點的馮曉清研究〉,《社會學評論》,2021年第2期,頁5-30。

矛盾。對比二十世紀初西方性科學研究。大抵可分為兩派：一派是佛洛伊德的精神分析學，另一派其他性學專家，如：靄理士。後來的西方性科學史研究也將兩種學派獨立進行討論，或是探究這兩派研究方法的分歧原因。[12]有趣的是，在中國這兩派思想同時被潘光旦接納，並整合為一連貫的思想體系。因此，理解潘光旦如何挪用精神分析學，將有助於審視性科學史在中國的發展軌跡。

　　潘光旦在引介佛洛伊德的學說時，以明代才女馮小青作為論據。自清末開始，對於傳統才女的評論，出現了重大改變。才女備受批評，被視為落後的、受害者的象徵，最終此詮釋變成無可置疑的「真理」。[13]潘光旦身處「五四婦女史觀」被建構的時期，婦女史知識正經歷重新「發現」、「傳述」、「闡釋」與「運用」的過程，其特色是藉由否定過去、質疑當下，以寄望未來，進而合理化改革社會、教育女性與再造文明。[14]

　　總而言之，潘光旦書寫馮小青研究時，交織上述三種論述：異性戀規範、性科學論述、才女故事改寫。本文將擱置關於潘光旦譯註《性心理學》的討論，而是透過潘光旦早期的學思歷程與

---

[12] Katie Sutton, *Sex between Body and Mind: Psychoanalysis and Sexology in the German-speaking World, 1890s-1930s* (Ann Arbor: University of Michigan Press, 2019), p. 2.

[13] 板橋曉子著，板橋曉子、蔡燕梅譯，〈圍繞才女的評論〉，收入小濱正子、下倉涉、佐佐木愛、高嶋航、江上幸子編《被埋沒的足跡：中國性別史研究入門》（臺北：國立臺灣大學出版中心出版，2020），頁411。

[14] 衣若蘭，〈陳東原《中國婦女生活史》與「五四婦女史觀」再思〉，《近代中國婦女史研究》，第34期（2019年12月），頁2-68。

作品，重新思考潘光旦的意圖、知識偏好、整合知識的方法與運用策略，尤其歷史傳統在科學知識的運用與推廣所扮演的角色。本文首先討論潘光旦在1920年代陸續出版的〈馮小青考〉、《小青之分析》、《馮小青：一個影戀的研究》，作一概要性的介紹，再分析馮小青敘述傳統的轉變。次則，分析潘光旦如何依其異性戀規範之需，援用西方性科學的同性戀知識改寫歷史，以其偏好的特定知識類型。最後觀察出版者與讀者的接受程度，理解歷史書寫策略與性科學知識傳播的關聯性。本文將指出性科學知識的挪用、傳播與五四婦女史觀的建構之間是相互影響的，因此馮小青研究，不但是二十世紀初中國與西方世界智識探索的一個縮影，亦是近代中國知識分子回應性別結構變遷時的策略。

一、再創歷史敘述：才女馮小青

1913年，潘光旦考入清華學校。1922年，潘光旦因選修梁啟超開設的「中國歷史研究方法」，寫作〈馮小青考〉作為課堂作業。此作是潘光旦第一次嘗試探究性慾議題，他運用精神分析學，對明代才女馮小青之死進行心理分析，別於明清以來的對於馮小青的敘述，他認為小青是患有性心理疾病致死。這份作業被他的同學們視為離經叛道，[15]但梁啟超卻對該份作業給予高評

---

15 費孝通，〈重刊潘光旦譯註－靄理士《性心理學》書後〉，收入哈夫洛夫‧靄理士（Havelock Ellis）著、潘光旦譯，《性心理學》（臺北：左岸文化事業公司，

價，認為潘光旦「對於部分的善為精密觀察」，讚賞他利用心理學作為研究方法，仔細考證馮小青死因。[16]

馮小青生於萬曆二十三年（1595），卒於萬曆四十年（1612），得年十八。她十五歲時嫁與杭州馮氏為妾，卻遭受善妒的正妻凌虐；她只能搬到西湖孤山別墅，正妻又禁止丈夫探望，因此小青過著群離索居的生活。這段時間，小青以寫詩、繪畫度日；身邊偶有友人楊夫人相伴。當楊夫人隨夫離開杭州，小青旋即回到獨居生活。日益孤獨的她，在十七歲時找來畫師畫下肖像，對著畫像焚香祭酒，不久後小青便抑鬱而死。[17]

馮小青故事梗概大抵如前所述，自明清社會以來一直廣為流傳，淒婉哀艷。不只有文人為之作傳，小青的事蹟也被改編小說、戲曲。在這些文學作品，小青多以受妒婦欺凌的受害者形象出現，旨在彰顯才女為人嫉妒而亡，亦反映文人懷才不遇的縮影。[18]因此，小青也被視為情迷的代表、真愛的支持者，男性文人則據此捍衛納妾制度。[19]但是，在明代馮小清通常被視為是虛構人物，如文人錢謙益（1618-1683）認為小青是「情」字拆開來，她的傳記和詩作都是由男性文人杜撰，他的解釋在明末清初

2008），頁555。

[16] 潘光旦，《小青之分析》（上海：新月書店，1927），頁1-2。

[17] 謝俐瑩，〈小青故事及其相關劇作初探〉，頁70-72。

[18] 謝俐瑩，〈小青故事及其相關劇作初探〉，《戲曲學報》，創刊號（2007年6月），頁72-74。

[19] 高彥頤（Dorothy Ko）、李志生譯，《閨塾師：明末清初江南的才女文化》，頁117。

時非常流行，亦反映此時對於女性才華備受質疑，且認為男女有別，女性不應該從事詩文。[20]

　　然而，清代女性創作興盛，男性文人也大力獎掖女性投入寫作，風氣普遍。1824年文人陳文述（1771-1843），為馮小青、菊香、楊雲友三人於西湖畔修墓，廣邀詩友以小青為題作詩，匯集成《蘭因集》。書名「蘭因」二字便是出自小青致楊夫人書中「蘭因絮果，現業誰深」之句。並且收羅各種佐證資料，證明小青真有其人，駁斥錢謙益的說詞，並且平地新造小青的墳墓。[21] 從明到清，小青的形象透過傳記和戲曲，成為男性文人投射懷才不遇的女性形象，並未改變。改變之處是，隨著對女性創作的興起，讓文人相信與認同女性的文采，不再懷疑小青的真實性。

（一）男女同校爭議與同性愛

　　身處民國初年的潘光旦，注意到馮小青的故事，一方面是耳濡目染，潘光旦是江蘇人，而「小青事江浙間掌故者具能道之。……滬杭兩地之歌臺舞榭尚有編排之為新劇者；不可謂非韻事矣。」[22]因此，潘光旦熟稔小青故事。另一方面正如明清文人投射自我於小青身上，潘光旦也延續傳統，將自我困境反映在小

---

[20] 高彥頤（Dorothy Ko）、李志生譯，《閨塾師：明末清初江南的才女文化》，頁102-106。

[21] 王學玲，〈女性空間的召魂想像與題詠編織──論陳文述的「美人西湖」〉，《中央大學人文學報》，第四十六期，2011年4月，頁67。

[22] 潘光旦，〈馮小青考〉，頁1716。

青身上。

潘光旦生活所面對的困境，如在〈馮小考〉餘論所言：

> 改造社會之兩性觀，實為目前當務之急。觀念略更，然後
> 性的教育可施，而適當之男女社交可以實行而無危害。昔
> 女子之顧影自憐以至積重難返者大率因身居簡出而絕少閨
> 中膩友之故；其行動略較自由，交遊略較廣闊者，又多流
> 入同性戀愛一途。是以女學興而影戀之機絕，男女同校之
> 法行而同性戀愛之風衰；同一用其情感，由自身而同性，
> 而異性，亦即由變態而歸於常態：是則社會觀念變更後必
> 然之效也。[23]

潘光旦想要處理的社會問題是校園的性別區隔，他認為此學
制會阻礙男女社交，進而導致男女無法自由戀愛，難以達成戀愛
成婚的理想。潘光旦認為女學出現讓女性走出只能獨處的空間，
減少了陷入影戀的環境。但女學仍不夠化解女性精神問題，唯有
男女同校，使男女社交得以正常化，才得以解決。事實上，潘光
旦正是「清華男女同校期成委員會」的文書委員，積極參與校園
改革。[24]在男女同校論爭中，清華學生會以「單一性別環境容易

---

[23] 潘光旦，〈馮小青考〉，頁1717。
[24] 《清華男女同校期成委員會紀事》，《清華周刊》，第225期（1921年11月），
頁30。

造成同性愛」作為支持改學制的理由。潘光旦此論述與當時校園內的事件有關，在1922年《清華周刊》清華生活紀念專號刊登了兩篇學生自身的同性愛經驗的文章，引發校園內的興論。[25]隨後《清華周刊》清華生活批評號中，吳景超（1901-1968）大肆批評校園內的同性戀愛現象，強調「人人都有一種潛伏的同性戀愛的傾向是與生俱來的」，只是受到相當的刺激便會引發。他列出三點最可能的刺激原因：「學校制度的不自然（即指男女不同學而言）、有同性戀愛經驗者引誘、異性戀愛失敗。」[26]

　　吳景超為文批評同性愛現象前，徵求潘光旦意見，因為他是「對於性的問題是研究有素的」，[27]因此，兩人對於同性戀的看法相同，皆認為是環境因素導致的變態行為，只要改善環境便可以矯正。他們提出的論點深受清華學生支持，即使潘光旦離開清華前往美國留學，校內學生仍認為男女同校和性心理之間是有關聯性的，如「男女同校可以免除一切不規則的行為」，[28]「免去不合理的戀愛，減少不正當的行為」，[29]皆是希望改革為男女同校，避免發生校內同性戀愛。

　　清華學生主張男女同校，可視為社會變遷下，青年對於異性

---

[25] 張玲霞，《清華校園文學論稿》（北京：清華大學出版社，2002），頁244。

[26] 吳景超，〈從清華生活中所見的同性戀愛〉，《清華周刊》，第284期（1923年6月），頁15。

[27] 吳景超，〈從清華生活中所見的同性戀愛〉，頁15

[28] 嶧，〈清華為什麼應當男女同校？〉，《清華周刊》，第25卷第9期（1926年），頁534-537。

[29] 家曾，〈清華大學男女同學問題的三方面〉，《清華周刊》，第25卷第9期（1926年），頁515。

戀規範改變伴隨而來的焦慮反應。自五四新文化運動以降，自由
戀愛與自由婚姻成為異性戀關係的新價值。儘管新風潮、新價值
已然成形，缺乏認識異性的空間，能夠發展自由戀愛與婚姻的條
件。青年們面對從媒妁之言過渡至為自由戀愛的陣痛期，將男女
同校視為解決困境的方法。

　　男學生們為了因應自主婚姻壓力，他們試圖打造出能夠認
識異性的環境，進而支持男女同校。例如學生三民投稿《清華週
刊》所言：

> 男女有幾個有勇氣嘗試在社會裏打破禮教的束縛？（打破
> 禮教的束縛，與男女的道德上，完全不發生關係的）所以
> 要在無形中打破這種禮教的束縛，除卻男女同學實在沒有
> 傍的再好方法。[30]

　　三民真實地反應學生對於自由戀愛與婚姻的煩惱，追求男
女同校是為了創建出擇偶的環境。更有人直說「男女同學為構成
良好家庭的開端，根據統計，大學中同學結婚的，離婚事件為絕
少」；[31]「男女同校可以做將來良好家庭的本源」。[32]可以說，

---

30 三民，〈絕對贊成實現男女平等教育和男女合校〉，《清華周刊》，第25卷第9
期（1926年），頁512。
31 戴克光，〈論清華大學應實行男女同學之理由〉，《清華周刊》，第25卷第9期
（1926年），頁520。
32 嶧，〈清華為什麼應當男女同校？（附表）〉，《清華周刊》，第25卷第9期
（1926年），頁535。

第二章　同性情慾的疾病化：以潘光旦筆下之馮小青為例　051

清華學生對男女同校的倡議，是隨著異性戀規範的改變而出現，期待校內生活提供一個適當場域，合宜地表現出對於異性的慾望。

　　循此潘光旦〈馮小青考〉強調「男女同校之法行而同性戀愛之風衰」，[33]便不單純是為爭取女性受教權，亦非擔憂女學生的心理發展，而是男學生將自身關切與焦慮，投射於由歷史材料所創造出來的女同性戀──馮小青──身上。呂文浩點出潘光旦前期的婦女觀受五四思潮影響而對女性充滿同情；後期則是在留學攻讀優生學，認為女性之家庭責任與種族責任應為首要。[34]根據上述討論，潘光旦的關懷是以異性戀戀愛、婚姻、家庭與生育。潘光旦的前期思想並不是對女性充滿同情，是因應社會環境與價值觀之變化，擬藉由男女合校以構築自由戀愛所需的男女社交空間，並非留學經驗改變立場。

　　潘光旦透過馮小青的處境，透露出男學生無處安放的慾望與情感需求。因此，潘光旦期待男女同校，並不是為了讓女性心理發展順利，而是男女同校可以教導現代「馮小青們」準備好進入異性戀的互動模式，並為男學生們未來的異性戀婚姻鋪路。因此，潘光旦〈馮小青考〉試圖建立一個具有「現代」特色的異性規範，滿足自由戀愛的需求。

---

[33] 潘光旦，〈馮小青考〉，頁1717。

[34] 呂文浩，〈個性解放與種族責任之張力──對潘光旦婦女觀形成過程之考察〉，《清華大學學報》，第31卷第1期（2016年1月），頁126-127。

（二）舊材料新歷史

為能佐證改革現實的合理性，潘光旦需要找到一位傳統社會壓迫下的受害者代表：馮小青。首先，他需要先證明小青真有其人，以證明傳統對女性的壓迫之事實。潘光旦為了強化論據的說服力與真實性，他大量援引清代文人陳文述（1771-1843）編撰的《蘭因集》。1824年，陳文述為馮小青、菊香、楊雲友三人於西湖畔修墓，廣邀詩友以小清為題作詩，匯集成《蘭因集》。書名「蘭因」二字便是出自小青致楊夫人書中「蘭因絮果，現業誰深」之句。[35]該文集收錄大量緬懷小青的詩文，並譴責害死小青的妒婦。陳文述在《蘭因集》收錄支如增《小青傳》、張潮《虞初新志》收入的〈小青傳〉、田汝成《西湖遊覽志》、張岱《西湖夢尋》、吳道新〈紫雲歌〉、施閏章《蠖齋詩話》、李雯〈彷彿行〉等文章，做為小青是真實人物的證據。陳文述也撰文駁斥錢謙益（1582-1680）認為小青是虛構人物的主張。

潘光旦在考據小青的真實性時，其資料援引，皆出自上述陳文述所蒐羅的資料。因此，他佐證小青是真有其人，其思考方式是按照陳文述的邏輯書寫。例如潘光旦寫到「因小青生平頗離奇，前人有謂其偽託，絕無其人，至勝清初葉尚有聚訟者。陳引陳蒙叟列朝詩集小傳女郎羽素蘭傳後。」[36]之後潘光旦便同樣引

---

[35] 王學玲，〈女性空間的召魂想像與題詠編織——論陳文述的「美人西湖」〉，《中央大學人文學報》，第四十六期，2011年4月，頁67。

[36] 潘光旦，〈馮小青考〉，頁1708。

一樣的資料佐證，最後說「蘭因集編者辯證頗詳，不盡錄。」[37] 潘光旦全盤接受陳文述的論證，使得他未曾質疑，小青墓在孤山是否為真。事實上，陳文述並不是重修小青墓，而是平地新造小青墓。[38]若潘光旦可以多加考證，而不只是採用陳文述的說詞和資料，而是多加質疑，便可以注意到這點。

　　潘光旦與陳文述彼此皆認同馮小青是真實的人物，反映清代到民初時人普遍肯定女性的智識水準。但是，潘光旦不完全認同陳文述對小青的解讀，所以他在引用《蘭因集》所收錄的文章時，雖然大篇幅引用資料，但並非全文照錄，而是有所刻意省略的句子。其中引用最多篇幅是支如增的《小青傳》，潘光旦省略的句子以下以粗體字呈現：「**有對佳山水有得，輒作小畫**，生聞之，索亦不與。」[39]「女奴窺之即止，但見眉痕慘然，**嘗有對影自臨春水照，卿須憐我我憐卿之句。**」「立焚之，又索詩，亦焚之，**廣陵散從茲絕矣。**」、「**乃姬親筆。噫！脫姬臨卒不以花鈿贈人，而彼畫師寫照落筆便肖，則遺照殘箋盡歸妒婦劫火，又安得桃花一瓣流出人間也哉？**」[40]另外，潘光旦為了補充支如增沒有提及的部分，也引用了張潮《虞初新志》收入的〈小青傳〉。

---

[37] 潘光旦，〈馮小青考〉，頁1708。

[38] 王學玲，〈女性空間的召魂想像與題詠編織——論陳文述的「美人西湖」〉，頁68。

[39] 潘光旦，〈馮小青考〉，頁1717。

[40] 對照兩文本分別是潘光旦，〈馮小青考〉，頁1706-1707。陳文述編，《蘭因集》，卷上，頁3-6，收入《叢書集成續編·史地》（臺北：新文豐出版社，1991）第237冊，頁40-41。

潘光旦引用〈小青傳〉時省略的句子更多，若扣除因重複性質而刪去的部分，文句很短仍刻意省略的是：「生，豪公子也，性曹□，憨跳不韻，**婦更奇妒**。」[41]

　　歸納潘光旦摘錄時刻意省略句子，大抵可以分為兩類：一是會凸顯小青與丈夫之間情意的句子。陳文述強調的是小青是位癡情的「貞烈人也」。[42]但是，小青若癡情於異性，潘光旦變無法將她定義為性心理變態，如自我戀或同性戀，故弱化這部分的敘述。二是省略妒婦的存在與小青作品因為妒婦焚毀而絕跡一事。《蘭因集》中對於小青之死皆歸咎於妒婦，如陳文述為小青所寫的墓誌，便稱「無如妒婦津危夫，人城逼明珠委地」。[43]張潮也說「紅顏薄命，千古傷心。讀至送鶴焚詩處，恨不粉妒婦之骨，以飼狗也」。[44]潘光旦刪去的部分句子，正好是明清文人欲強調的小青形象：一位身處在困頓的婚姻中，仍不願意改嫁，最終受到妒婦迫害而早死的癡情女子。另則是藉由貶抑妒婦，捍衛納妾制度。[45]潘光旦和過去文人所處的社會背景已經不同，其所生活的時代並不支持納妾制度，也不再肯定女性的貞烈行為，他想要的是建立男女社交空間。因此，不將小青之死歸因於妒婦迫害，而是強調環境的孤寂與單一性別為死因主因。

---

[41] 對照兩文本分別是潘光旦，〈馮小青考〉，頁1707-1708。張潮，《虞初新志》（北京：文學古籍刊行社，1954，重印開明書店紙版），頁15。

[42] 陳文述編，《蘭因集》，卷上，頁9。

[43] 陳文述編，《蘭因集》，卷上，頁9。

[44] 張潮，《虞初新志》，頁19。

[45] 高彥頤（Dorothy Ko），《閨塾師：明末清初江南的才女文化》，頁113-117。

潘光旦除了省略特定文句外，也駁斥《蘭因集》中對小青的解讀：

> 不知哀其情者，未必知情其心，以不諒解為諒解，斯為不
> 諒解之尤。……不知一本《蘭因集》，繩以今日之眼光，
> 並無一句中肯語；九京之下，小青有知，殆未必減其鏡潮
> 鏡汐也，諒解云呼哉？[46]

潘光旦透過否定傳統文人的解讀方式，從史學的角度可說
服梁啟超與其他讀者，重新研究馮小青有其意義。因為「對於被
誣的人，應該用辯護的性質，替他重新做傳」。[47]又潘光旦對馮
小青的解讀變化，頗有梁啟超的治史意圖與方法，例如梁啟超為
了合理化改革女學之需，便否定才女的「才」，將其視為無用之
學，並以此確立傳統女子無知無學的狀態。對傳統才女的批評和
對現代女性的肯定，賦予「傳統」與「現代」對立的色彩，[48]此
對立的解讀框架被複製在〈馮小青考〉，但潘光旦比起他的老師
又更進一步援用了現代科學理論強化論點。

潘光旦援引西方理論以駁斥陳文述的解釋，他參考莫戴爾
（Albert Mordell）於1919年《近代文學與性愛》（*The Erotic Motive*

---

[46] 潘光旦，〈馮小青考〉，頁1715。

[47] 梁啓超，《中國歷史研究法補編》（臺北：臺灣商務印書館，1976），頁62。

[48] 胡纓，〈歷史書寫與新女性形象之初立：從梁啓超〈記江西康女士〉一文談
起〉，《近代中國婦女史研究》，第9期（2001年08月），頁1-29。

in Literature）的理論：

> 余曩作小青之分析，蓋半出摩氏此書之暗示，半亦因為摩
> 氏書中涉及自我戀與影戀之材料甚少，僅僅有其理論而無
> 實例，而小青故事適足以補充之也。[49]

該書作者莫戴爾將心理分析學應用於文學分析，[50]該書第十章〈作家幼年的愛年生活與昇華〉（The Infantile Love Life of the Author and its Sublimations）簡單介紹同性戀、自戀等名詞，並示範當作家可能擁有變態性心理狀態時，是如何表現於作品。[51]該書啟發潘光旦從性心理的角度，探究小青的作品與行為，並以此評斷小青的心理狀態。惟〈馮小青考〉一文尚未援引任何與自戀相關的科學性定義，只有藉由希臘Narcissus神話解釋何謂影戀。[52]潘光旦其實並不熟稔精神分析學，但他仍用此理論辯護小青的真心，強調小青所愛的是自己、是好友楊夫人，她是一位禁錮於傳統社會對女性生活空間與人際網絡規範下，導致患有心理疾病的可憐之人。

---

[49] 潘光旦，〈近代文學與性愛〉，《優生》，第1卷第3期（1931年），頁22。

[50] 宋碧雲，〈譯者的話〉，收入莫戴爾（Albert Mordell）著，宋碧雲譯，《愛與文學》（臺北：遠景出版事業公司，1982），頁1-2。

[51] Albert Mordell, *The Erotic Motive in Literature* (New York: Boni and Liveright, 1919) pp. 132-149.

[52] 希臘神話，有位長相俊秀的少年名為Narcissus，他愛上了自己在水中的倒影，最後變成湖邊的水仙花。

在原初的小青故事中，小青關在孤山別室獨居，又與家人失去聯繫，後來偶遇楊夫人陪伴，但仍長期處在封閉的環境。此一情節讓潘光旦可以解釋小青的心理狀態，從影戀到同性愛是出於環境變化，從孤單一人到有同性相伴，病情便從影戀發展為同性愛，於是潘光旦指出：「小青與楊夫人相與之日，其影戀的程度比較尚淺，其環境影響亦較易，而其戀愛生活乃見有同性的趨向。」[53]

潘光旦使用性心理變態的特徵，解釋小青反對削髮為尼和改嫁，或在死前請畫師為自己畫像等等，皆是因為小青患病之故。將過去傳統文人對於小青用情至深的表現，都轉以性心理變態解釋。此外，潘光旦分析小青的詩詞作品，佐證小青患有自我戀與同性戀。不過，小青所作的詩句中，仍有崇尚異性戀愛情的描述。面對此矛盾的例子，潘光旦認為這更可說明外界環境因為不理解小青的真意，使得小青在「根性如彼，而期望如此，依違兩可之間，卒無由自拔」[54]的狀態下，精神更為消耗。潘光旦甚至認為小青不理解自己，傳統文人也未能諒解小青的難處，他批評這是中國傳統知識不足才釀成悲劇發生。因此潘光旦在此肯定精神分析學，認為小青的性變態可透過「施以相當之性教育，重者或可利用各種心理治療」，[55]便可以解決。

---

[53] 潘光旦，〈馮小青考〉，頁1714。
[54] 潘光旦，〈馮小青考〉，頁1715。
[55] 潘光旦，〈馮小青考〉，頁1715。

整體而言，潘光旦〈馮小青考〉，在內容上呼應梁啟超對傳統舊學與才女的批評；在目的上，則符合梁啟超認為治史應「予以新意義」的理念：

　　　　吾人的動作，一部分是有意識的動作，一部分是無意識的
　　　動作，──心理學上或稱潛意識，或稱下意識。如像說夢
　　　話或受催眠術都是。──一人如此，一團體，一社會的多
　　　數活動亦然。許多事本來無意義，後人讀歷史纔能把意義
　　　看出。[56]

　　潘光旦在考據小青的真實性時，其資料運用與論點幾乎都是附和陳文述的說詞，不能稱上優秀之作。但是潘光旦將小青各種零散的事蹟與詩詞，都放在精神分析學的概念下賦予新意義，揭示女性被壓迫的歷史因果，成為一套有連貫性的新歷史解釋，這也符合梁啟超治史「疏通」的主張。[57]

　　梁啟超認為歷史的新意義既明，進而「供吾人活動之資鑑」。[58]潘光旦賦予小青歷史新的歷史意義後，便在〈馮小青考〉餘論，反省當前的社會活動，期有借鑑之效。潘光旦運用小青的悲慘身世為改革男女區隔制度背書，認為唯有解決小青「被

---

[56] 梁啟超，《中國歷史研究法補編》，頁10-11。
[57] 黃克武，〈梁啟超與中國現代史學之追尋〉，《近代史研究所集刊》，第41期
　　（2003年09月），頁18。
[58] 梁啟超，《中國歷史研究法補編》，頁12。

區隔」、「錯誤的理解」的困境，才能夠讓中國女性獲得健康的身心。凡此潘光旦對馮小青史料之運用，賦予新意義，並且提出借鑑，遂使梁啟超給予〈馮小青考〉一文肯定評價「對於部分的善為精密觀察，持此法以治百學，蔑不濟矣」。[59]

　　梁啟超治史強調疏通，賦予過去新意義，及提供社會借鏡，這影響潘光旦寫作〈馮小青考〉。梁啟超與潘光旦在書寫傳統女性的歷史時，為了提供當代女性議題借鏡，賦予傳統新的意義。這些新意義俱有改革現代為目的，對於傳統皆持反對立場。僅隨著改革項目不同，對於傳統女性的關注議題隨之擴大與多樣化，於是製作出更多「事實」，以證明過往女性受盡壓迫與虐待。可以說，五四婦女史觀是在強調改革「現在」的環境下成形，成為理解傳統女性歷史的思路，亦合理化改變婦女現況的必要性。在此階段，歷史是具有權威性的思想資源，但要如何強化改寫歷史，強化改革的合理性，援引西方理論作為新方法也日益重要，這影響下一階段潘光旦的書寫策略。

二、挪用科學新知：精神分析學與自我戀概念

　　潘光旦進一步提供「科學」知識，佐證並強化傳統社會對女性的壓迫，挑戰過往明清文人對於小青之死的解釋。潘光旦透

---

[59] 潘光旦，《小青之分析》（上海：新月書店，1927），頁1-2。

過性科學知識，解釋馮小青患有自我戀，因此才會有種種怪異行為，例如不改嫁、時常顧影自憐、死前為自己繪製畫像等。潘光旦以精神分析學的角度，改變曾被解讀是崇尚愛情的行為，賦予疾病的色彩。但，〈馮小青考〉並未對科學理論有系統性的介紹，重心是放在歷史考證上。

直到1927年，潘光旦將〈馮小青考〉擴寫成《小青之分析》時，才增添完整的理論內容，加強精神分析的完整性，讓新的寓意更真實可靠，亦有「科學」的依據。又，1929年再版時，修正書名為《馮小青：一件影戀之研究》。再版內容雖然不變，但從書名的異動得知，潘光旦越來越將重心放在科學論述上，而不是歷史考據。在《小青之分析》，潘光旦便指示讀者，這本書的趣味便是在透過西方知識看中國，他認為「好西洋鏡必不患拆穿，使拆穿矣，亦愈拆穿而愈有味也。請以此種態度讀小青何如？」[60]《小青之分析》一書改變原先以文學批評的取徑，亦即引用《近代文學與性愛》，而是直接摘譯佛洛伊德的《精神分析引論》（A General Introduction to Psychoanalysis），以及精神分析學家巴魯（Trigant Burrow, 1875-1950）"The genesis and meaning of 'homosexuality' and its relation to the problem of introverted mental states"。此援引資料的變化，展現潘光旦更加重視精神科學。

---

[60] 潘光旦，《小青之分析》（上海：新月書店，1927），頁22。

（一）晚婚與不婚是心理問題

此外，除了新增詳盡的性知識和精神科學外，潘光旦也重新續寫新的結論。[61]換言之，潘光旦擴充精神分析理論內容，不只是為了鞏固原先對小青的新詮釋，還有新的改革現實目的。潘光旦在餘論二中，一是批評異性戀的晚婚現象。認為這些不婚與晚婚的心態是出於「非理想之妻不娶，非理想之夫不嫁」的不成熟心態，[62]並指出他們雖有「循異性戀之方式，而其精神則完全未脫自我戀者」。[63]二則是批評自我戀導致誤判結婚對象者，結婚時情人眼裡出西施，但時間一長，幻覺一削弱，婚後遂引發衝突甚至離婚。這些都是心理狀態不成熟所導致的後果。

《小青之分析》改以著重批評的不婚、晚婚與離婚現象，與潘光旦回國後進行婚姻調查有關聯。1926年，潘光旦擔任《時事新報》學燈副刊編輯時，曾以編輯部的名義刊登家庭問題問卷，調查普羅大眾的家庭婚姻觀。最後，回收共317份，男性273份、女性44份，以江浙一帶的青年為主。[64]潘光旦透過問卷分析晚婚主因為：以追求浪漫生活為結婚目的。因此他批評道：「浪漫生活為個人之要求，以彼為前提者必堅信個人主義之哲學。個人主義與家庭之安全相牴牾，其過當之發達即近代家庭制度崩潰之一

---

61 潘光旦，《小青之分析》（上海：新月書店，1927），頁80。
62 潘光旦，《小青之分析》，頁80。
63 潘光旦，《小青之分析》，頁80。
64 潘光旦，《中國之家庭問題》（上海，新月書店，1928），頁15-25。

062　被創造的疾病——近代中國女同性戀論述之轉變（1920s-1940s）

大原因。」[65]潘光旦繼續批評重視浪漫生活者，擇偶重視性情，若婚後發現性情改變，婚姻也難以長久，容易離異。[66]

潘光旦繼續追根究柢，認為現在「教育之造詣愈深，則其人對於家庭制度應有之觀念與信仰愈薄弱；換言之，今日之教育哲學與制度，實根本不利於家庭之存在。」[67]書寫《小青之分析》也是為了改變中國現有性知識的不足的智識環境。此外，潘光旦寫作《中國之家庭問題》的時間早於《小青之分析》，但出版時間較晚，在《中國之家庭問題》有引用了《小青之分析》的論點。認為人處於自我戀的時期時，此時所擇偶對象是自我理想之影射，容易離婚。潘光旦在此反而肯定父母為子女所包辦的婚姻，尤其父母經驗豐富且冷靜，較能為子女找到良配。[68]

從潘光旦對婚姻調查結果的詮釋，可見他不滿西方個人主義式的自由婚戀、自由離婚，以及對於中國家庭制度存續的焦慮。為了改革社會現狀，他將在婚姻與戀愛中所展現的個人主義的特質視為一種精神疾病，處於病態的狀態下，才會讓人選擇不婚、晚婚與離婚。因此，潘光旦在擴寫《小青之分析》時，將重心放在傳遞自我戀的知識並以自我戀視為是同性戀的成因，進而批評個人主義式的婚姻態度，及造成的不婚、晚婚與離婚現象。總體而言，新版結論側重於批評個體的自由意志、現有教育內容

---

[65] 潘光旦，《中國之家庭問題》，頁134。
[66] 潘光旦，《中國之家庭問題》，頁151。
[67] 潘光旦，《中國之家庭問題》，頁137。
[68] 潘光旦，《小青之分析》，頁206-207

的問題，而不是傳統社會與外在制度。新版中，潘光旦透過馮小青的故事，強調精神鬱結以「智識階級中之女子為尤甚」[69]，回應他認為教育越深越不利家庭，強化智識階級女子和精神疾病之間的關聯，並批評知識女性如同馮小青一樣是「知其一而不知其二者」，讓自己陷入精神病態而不自救。[70]其中，「知其一」指智識女性雖然有能力自覺心理的異樣，正如小青不願改嫁也不削髮為尼，是因為充分認識到自己無法順應異性戀生活與無情感生活，自知自己的自我戀現象；[71]「不知其二」則是指，智識女性不知自己患有心理疾病，耽溺於心理變態中導致了自身毀滅。

　　從〈馮小青考〉到《小青之分析》的結論，反映1920到1930年代社會對於異性戀規範的認知變化。早期青年呼籲搭建適合男女社交的環境，便可以自由戀愛後步入婚姻。之後，潘光旦便發現即使改變男女社交環境，也不一定能順利步入異性戀婚姻、維繫家庭。因此，只能夠批評女校制度不合理的同性戀概念已不足夠促進新社會改革，潘光旦透過擴大對自我戀的解釋範疇，讓步入異性戀家庭以外的人生選擇，如獨身、晚婚、離婚等等自由意志的展現，皆視為患有自我戀的病徵。潘光旦否定了五四新文化運動以來的婚姻自主理想。對此，他捨棄原先文學批評的寫作策略，改藉由更具有權威性的性科學知識，作為否定個人主義的武器。

---

[69]　潘光旦，《小青之分析》，頁82。
[70]　潘光旦，《小青之分析》，頁60。
[71]　潘光旦，《小青之分析》，頁53-66。

（二）潘光旦的慾性之流說

　　科學與意識形態如影隨形，面對二十世紀眾多的西方科學知識，潘光旦為何選擇精神分析學作為探究明代才女馮小青的理論基礎？佛洛伊德與精神分析學派理論為何吸引潘光旦關注？並藉此重組理想的異性戀規範。以下歸納為兩點說明。

　　第一，佛洛依德理論是具有治療他人、改變他人的意圖，這呼應潘光旦重新詮釋小青之死的論述，進而合理化他試圖改變中國人的個人行為、改變異性戀規範的需求。

　　19世紀，隨著德、法兩國競爭心態與社會達爾文思潮的崛起，原性行為從個人行為層次被提升至國家層級，同民族健康與國家富強相連結。性議題澈底從宗教與道德範疇撤離，變成醫療科學的研究項目。到了19世紀末，對性的新理解，促使精神科學學者嘗試分類性變態，此知識追尋蔚為風潮。[72]之後，西方主要有兩派性心理學理論解釋性慾，分別是精神分析學理論與遺傳理論，前者的代表是奧地利的佛洛伊德，後者的代表是英國性心理學家靄理士。

　　佛洛伊德與靄理士的學術地位相當，這兩派學說則有異同之處。共同的是，對於研究個案的態度，二人都將研究個案放在積極行動者的位置，是與研究者共同合作，共創「性」意義的夥

---

[72] Harry Oosterhuis, *Stepchildren of Nature: Krafft-Ebing, Psychiatry, and the Making of Sexual Identity*, (Chicago: University of Chicago Pres, 2000), p. 29.

伴。[73]相異的是二人的研究目的不同。佛洛伊德欲發展出一套系統性理論和新治療法，幫助受性問題折磨的患者。靄理士的目的是學理探討，透過收集資料歸納出各種性活動的特質進行分類與研究。靄理士後來所發起的改革運動，是基於其研究成果而來，未若佛洛伊德具有高度改變他人的意圖。[74]

潘光旦企圖從生育的角度改變社會，因此佛洛依德強調改變他人的特點，對潘光旦具有親近性。潘光旦在選擇傳遞何種知識時，有非常鮮明的原則與主體性。他尤其重視傳遞性知識者，是否具有「提倡性教育，解決性問題」的良善道德動機。[75]在其心中，性知識不僅是學理問題，更是攸關社會改革的知識。因此，潘光旦強烈否定張競生的《性史》，並批評是「假科學」。[76]因為，張競生在《性史》中，不完全將性與國家富強、優生強種連結起來，反而凸顯個體在性方面的歡愉。[77]潘光旦對張競生這種表達方式十分不以為意，他認為性教育有其學科特殊性，一不小心就容易對社會大眾產生不良影響。因此傳遞知識時，還

---

[73] Jeffrey Weeks, *Sex, Politics and Society: the Regulation of Sexuality since 1800,* (London: Longman, 2012), p. 184.

[74] Vern L. Bullough, *Science in the bedroom: a history of sex research* (New York: BasicBooks, 1994), p. 61.

[75] 潘光旦，《優生概論》，收入潘乃穆，潘乃和編，《潘光旦文集》第一卷（北京：北京大學出版社，2000），頁406-408。

[76] 潘光旦，《優生概論》，收入潘乃穆，潘乃和編，《潘光旦文集》第一卷（北京：北京大學出版社，2000），頁401。

[77] 黃克武，〈評馮客著《性、文化與現代化：民國時期的醫學與性控制》〉，收入於《言不褻不笑：近代中國男性世界中的諧謔、情慾與身體》（臺北：聯經出版公司，2016），頁486。

需要「兼顧社會的需要，社會消化力的強弱，才不至於殃禍貽患」。[78]又認為最好的表現方式，乃仿效靄理士「以學理之探討為主體，中間穿插著這種史料，以示例証；至於徵求到的個人自敘的歷史，則擇由小字在書尾附印，聊備參考」，[79]凡是違反此表達原則的作者，居心叵測，並非提倡性知識，更可能是「好名與好利」而已。[80]因此，可發現潘光旦偏好的性知識是以維繫家庭為核心，進而挑選需要的知識，並不完全是追求客觀知識。

再者，潘光旦刻意與個體性慾保持距離，連寫作上都避免過於直接描述情慾。潘光旦《小青之分析》的寫作方式是：理論先行，再以史料佐證。這種寫作策略潘光旦是以靄理士為標準，並非佛洛伊德的風格。佛洛伊德的作品《朵拉：歇斯底里案例分析的片段》（*Fragment of an Analysis of a Case of Hysteria*）是一本個案的病史，裡面直接引述了病人自敘，甚至是自慰話題。從這點來看，潘光旦與佛洛伊德同樣將性科學放在「改變他人」的目的下討論，但佛洛依德的重點是治療個體，解決個人困擾；潘光旦則強調改變個體，以達到社會所服務之目的。

同時期，不只有潘光旦強調心理學應該運用於社會改革，行為主義學派的代表郭任遠（1898-1970），大力抨擊精神分析學派，呼籲心理學需要擔負起改革的責任：

---

[78] 潘光旦，《優生概論》，頁408。
[79] 潘光旦，《優生概論》，頁407。
[80] 潘光旦，《優生概論》，頁407。

> 若從墨獨孤派佛洛德派走去，那便只有拜倒於本能Libido
> 等神祕的偶像底腳下而自陷絕境了；以言改革人性，改革
> 社會，無異於南轅而北其轍。[81]

因此可見，潘光旦與同時代的心理學家一樣，追求的不只是知識，而是具有改變力量的知識。於是此時，潘光旦更偏好於強調救治他人的佛洛依德理論。但是並不完全仿效佛洛伊德的寫作模式，而是選擇更隱晦的表達性知識，可見潘光旦對於西方知識的選擇，具有高度覺察。

第二種潘光旦選擇佛洛伊德的理論原由，是其性心理發展的概念。潘光旦開宗明義，說明自己援引精神分析引論的「慾性命定說」作為本篇基調。現今採用的翻譯是性心理階段（psychosexual stage）理論[82]。「性心理階段」理論是佛洛伊德以「性慾」作為基底，建立一套重視個體早期經驗的理論，並以此解讀性變態的成因。[83]詳細地說，佛洛伊德試圖建立人類的心智結構與運作歷程的理論，在此問題下，他將心智視為能量系統，

---

[81] 黃維榮主編，《郭任遠心理學論叢》（上海：開明書店，1929），頁4。

[82] 「性心理階段」理論的主要內容是依據個體的快感會在人類不同的發展時間，有不同生理滿足的部位。以此為基礎發展出五階段「性心理發展」期，即口腔期（oral stage，〇歲到二歲），肛門期（anal stage，二歲至三歲），性蕾期（phallic stage，三歲到六歲），潛伏期（latancy stage，六歲到春青期），和生殖期（gential stage，青春期以後）。梁庚辰主編，《心理學：身體、心靈與文化的整合》，頁413。

[83] Frank J. Sulloway, *Freud, Biologist of the Mind: beyond the Psychoanalytic Legend* (Cambridge: Harvard University Press, 1992), pp. 296-297.

人類的行為是本能驅力的展現，人類成長過程便是學會處理本能驅慾，而處理方式在不同發展時間點，個體追求生理滿足的位置會不同。於是，佛洛伊德根據不同階段在感官與性方面的滿足，建立「性心理階段」理論。佛洛伊德尤其重視三歲到六歲的性蕾期（phallic stage），認為性格在此時便定型。[84]佛洛伊德用「性心理階段」理論解釋，人類的性本能是人類追求滿足的本能，自我本能會整合外在環境條件，讓追求滿足的行為更符合現實規範並發展初自我性格，但若無法整合便會產生精神官能症。

潘光旦採納將「性」作為精神病的成因，但是他並非使用佛洛伊德對性心理發展階段的解釋方式和命名，而是融合其他精神分析學派學者的理論再創了新理論，命名為「慾性之流」說。潘光旦區分為五階段發展：「初元之子母認同」、「母體之客觀化與母戀」、「自我之自覺及自我戀」、「自我戀之擴大與同性戀」、「性生理之成熟與異性戀。」[85]這五階段的編制，潘光旦融合佛洛伊德的《精神分析引論》和美國精神分析學家巴魯（Trigant Burrow，1875-1950）的〈同性戀的起源，含義及其與性格內向的狀態的關係〉（The genesis and meaning of 'homosexuality' and its relation to the problem of introverted mental states）。以下將分析各階段的特色：

「初元之子母認同」，此概念是由巴魯所創，他認為嬰兒在

---

[84] 梁庚辰主編，《心理學：身體、心靈與文化的整合》，頁413。
[85] 潘光旦，《小青之分析》，頁23-30。

出生後，其意識是與外界母親和諧共存，尚未有主體意識，在嬰兒時期皆依附在母親身上。[86]這部分，潘光旦完整摘要巴魯的定義。第二階段是「母體之客觀化與母戀」，此階段潘光旦採納佛洛伊德的口腔期定義。佛洛依德認為嬰兒吸吮母親的乳房，是獲得滿足的第一階段，母親也成為第一個愛的對象。

　　潘光旦在建立第三階段「自我之自覺及自我戀」與第四階段「自我戀之擴大與同性戀」時，很鮮明的完全採用巴魯的理論。巴魯認為母親愛自己的嬰兒，嬰兒也因此發展出對自我的愛，隨著個體發展逐漸斷奶，個體也將關注轉為自我的身體上，進入自戀期。對於自我身體的愛，向外擴大便是喜歡上同樣性別的人，於是成為同性戀。[87]

　　巴魯〈同性戀的起源，含義及其與性格內向的狀態的關係〉一文，該研究挑戰佛洛伊德對同性戀的解釋。此文也展現巴魯重視團體對個體的影響，但他重視團體的研究取徑，一直不被精神分析學界肯定，之後也被取消精神分析學會的會員資格。[88]在這篇研究中，巴魯認為佛洛伊德無法解釋女同性戀的成因，因此提出新解，以完善精神分析理論的不足之處。過去，佛洛伊德認為同性戀與異性戀的成因，依據性別有所差異。男孩會出現閹割焦

---

[86] 潘光旦，《小青之分析》，頁23-30。

[87] Trigant Burrow, "The Genesis and Meaning of 'Homosexuality' and its Relation to the Problem of Introverted Mental States," *The Psychoanalytic Review*, Vol. 4 (Jan 1, 1917), pp. 272-284.

[88] Peter Hengstberger, "The Work of Trigant Burrow and Homophobia as a Social Image," *Group Analysis* 50:4 (December 2017), p473.

慮和戀母情結，女孩則是出現陽具羨慕和戀父情結，因此發展出異性戀傾向。反之，男孩與女孩要是厭惡同性家長，進而無法認同其同性家長的行為，才會發展出同性戀。巴魯認為父親與嬰孩沒有深刻連結，女孩的戀父情結的產生，是難以說得清楚的。但，女嬰若出現戀母情結才會發展出同性戀，如此一來佛洛伊德便是自相矛盾。因此，巴魯捨棄嬰孩有性別差異之分，將同性戀的成因著重在母戀與自我戀。[89]

第五階段「性生理之成熟與異性戀」，潘光旦定義著重於生育面向，如：

> 生理上之發育既全，慾性之生殖作用乃見重要，本能之根本要求亦日趨急迫。於是自我也，同性也，不足以為應付。足以應付者，惟有發育健全之異性。故曰，慾性之發展，以異性戀為最後之歸宿。[90]

潘光旦在此階段，並未引用任何精神分析學的解釋。如巴魯並未解釋異性戀的成因，也未將同性戀作為異性戀發展的前一階段。佛洛伊德的性心理階段理論，是以伊底帕斯情節（Oedipus Complex）解釋異性戀的性心理發展。例如，伊底帕斯情節描述

---

[89] Trigant Burrow, "The Genesis and Meaning of 'Homosexuality' and its Relation to the Problem of Introverted Mental States," pp. 272-284.

[90] 潘光旦，《小青之分析》，頁30。

性蕾期發展階段的兒童，因渴望與異性的父母發生性愛關係，而同時對同性的父母持著競爭、嫉妒和憎恨的一段情結。兒童自發的伊底帕斯情節是「小男孩都獨佔母親，覺得父親的存在令人討厭。……母親對小女孩的照顧與對男孩的照顧是相同的，卻沒有產生同樣的結果。……女孩常常在情感上依戀父親，想除掉母親以取代她的位置，並時常仿效成年女性的樣子撒嬌。」[91]此理論預設兒童在一夫一妻的核心家庭中成長，正常發展下，必定會教養出異性戀者。[92]佛洛伊德提出性心理的發展，人會從從幼態走向成熟，性客體會從多元走向單一，最終是成為異性戀。這過程並不容易，都是需要耗費力氣才能達到理想的異性戀狀態。[93]佛洛伊德的說法有性心理是線性發展的特色，這一點有被潘光旦所挪用，但卻忽視佛洛伊德將性慾和生殖區隔。

巴魯或佛洛伊德皆是「以心理學理解性慾」，不只以生育的框架討論性，而是討論人類是否感到滿足為重點。[94]因此，解釋異性戀也不會是以身體器官成熟與否作為依據。但是，在潘光旦所創建的「慾性之流」說，異性戀階段的定義仍是以性器官和生育視為核心。

---

91 西格蒙德‧佛洛伊德（Sigmund Freud）著，彭舜譯，巫毓荃審定，《精神分析引論》（臺北：左岸文化事業公司，2018），378-379。

92 Jonathan Katz, *The invention of heterosexuality,* (New York: Dutton, 1995) p.77.

93 Jonathan Katz, *The invention of heterosexuality,* pp. 73-74.

94 Harry Oosterhuis, 'Sexual Modernity in the Works of Richard von Krafft-Ebing and Albert Moll,' *Medical History,* 56.2 (2012), p. 149.

潘光旦在建立「慾性之流」說時，受到小青的女性身分和故事影響，因此潘光旦大量採用巴魯的理論來解釋女同性戀。像是在小青的故事和傳記，皆沒有她父親的身影，若要以佛洛伊德的理論，便不能不討論到父母與子女的關係。但，巴魯的理論只著重於母親與嬰兒之間的關聯，並無討論到家庭經驗，因此更適合小青的狀況。再者，潘光旦最能直指小青有自我戀，是出於她「顧影自憐」和「繪製自畫像」的行為。透過重視自我戀的巴魯理論，潘光旦得以解釋小青的其他性傾向變化：

　　佛洛伊德與其徒稱母戀只適用母子之間，至女子則以其父為對象；

　　　　小青女子，而亦母戀何也？殊不知性發育未達異性戀之段落時，兩性之分，尚在不自覺或半自覺之範圍以內：同性戀之不擇異性，自無待言；自我戀之不擇異性，更不待言；而謂發育最先幾及之母戀反斤斤於異性對象之挑別耶？然則母戀亦可為母女戀，無待多辯也。[95]

　　最後，潘光旦在解釋「異性戀」階段時，捨棄精神分析學的解釋，而是採用當時在中國最普遍的說法，生育是性本能。在同時期的教育心理學教科書，有相似的定義：「一個人到了

---

[95] 潘光旦，《小青之分析》，頁76。

成丁期，生殖器官方纔完全發育；他的色慾本能，亦遂完全成熟。」[96]潘光旦在此所採納的說法，巧妙地修改強調個人性慾滿足的精神分析理論，讓異性戀的概念不只是男女的性慾，還包含婚姻與生育。對潘光旦而言，「父母侍奉與子女養育二端亦為家庭之目的，浪漫生活與伴侶則不必有家庭，僅需男女能比較的久常相處，即可得之」。[97]又認為，「家庭之最大效用為子女之養育，……家庭最大之重心亦應為子女」。[98]因此，在潘光旦的理想中，異性戀是與生育與家庭緊密結合的概念。此一想法，可說完全與性心理學強調個體慾望背道而馳。

在建立一個正常發展的「慾性之流」模型，描述人類自嬰兒呱呱墜地到成年，會經歷初元之子母認同、母戀期、自戀期、同性戀期，最後到達異性戀期。[99]之後，潘光旦以此為基礎，解釋不正常的性心理的成因，他以河流為譬喻，解釋性發展如水流，若無法順暢流通，就會「停滯」或「退化」在早期狀態，而處在性心理變態。此解釋和巴魯是相同的，巴魯認為隱性的同性戀便是「固著」（fixation）或「退化」（regression）在早期階段，但是巴魯並無解釋為何停滯與退化會發生。[100]同樣，「停滯」（inhibition）或「退化」（regression）也出現於佛洛伊德的

---

[96] 吳致覺，《教育心理學》，頁41。
[97] 潘光旦，《中國之家庭問題》，頁133。
[98] 潘光旦，《中國之家庭問題》，頁137。
[99] 潘光旦，《小青之分析》，頁34。
[100] Trigant Burrow, "The Genesis and Meaning of 'Homosexuality' and its Relation to the Problem of Introverted Mental States," pp. 272-284.

理論，但他有進一步解釋，停滯與退化彼此會相互影響，心智能量會流動，有些能量會停滯於一處，有如正在遷徙的人類，偶有一些人會定居下來，有人繼續移動。但若是許多能量選擇停留，則會影響能量退回原處不再前進。[101]原欲退化到最初的性對象，但為了抵銷此退化，意識為了統合內外不協調，便會引起精神官能症。[102]但佛洛伊德並無使用「停滯」（inhibition）或「退化」（regression）解釋性傾向。

潘光旦將兩種詞彙翻譯為「停滯」與「迴流」，並解融合巴魯和佛洛依德的解釋。潘光旦同樣與巴魯一樣，將「停滯」與「迴流」用以解釋性對象的流動，但是新增定義，如停滯成因是「父母溺愛」和「過早或不正當性經驗」；退化的成因，則是「因特殊之性經驗，其人或不勝打擊，其慾力乃循發育之原徑而倒行逆施」。[103]潘光旦尤其以「迴流」解釋小青，認為小青年僅十六，甚至可能不及十五，「常人以此妙齡，營婚姻生活，已不無問題」，小青又嫁給「性憨跳不韻」的丈夫，「其性生活與性心理之不受重大打擊者幾希矣」，於是小青在「性發育本未完全，及受重大之打擊，而無以應付，慾性之流乃循發育之途徑而倒退」。[104]於是，透過「停滯」與「迴流」的概念，潘光旦認為

---

[101] 西格蒙德・佛洛伊德（Sigmund Freud）著，彭舜譯，巫毓荃審定，《精神分析引論》，頁387-389。
[102] 西格蒙德・佛洛伊德（Sigmund Freud）著，彭舜譯，巫毓荃審定，《精神分析引論》，頁389。
[103] 潘光旦，《小青之分析》，頁70-71。
[104] 潘光旦，《小青之分析》，頁70-71。

逆向發展的「慾性之流」便是一種疾病。於是母戀、自我戀和同性戀不再被視為正常發展階段，也不是性傾向解釋，而是被視為精神官能症。

潘光旦在將自我戀定義為一種精神疾病後，便擴大了對自我戀的解釋，並建構其負面的特質。原先巴魯定義的自我戀非常簡易：「自我戀是抑制母親概念的產物」。[105]潘光旦所定義的自我戀，則是納入影戀、自大和猜忌加入自我戀的概念，[106]這一方面是強化小青患有自我戀的論點，另一方面也是小青的故事影響潘光旦對於精神分析理論的選擇和自我戀的定義。於是潘光旦偏好可以解釋女同性戀成因的巴魯理論，並且將所有小青的行為，視為自我戀的病徵，如小青與楊夫人交好（母戀、同性戀）、不改嫁、不削髮成尼、情緒鬱結、自大、猜疑之舉措，被納入自我戀的病徵內容，成為可診斷的外顯行為。

潘光旦的自我戀的定義，是將所有逃逸於異性戀規範之人，囊括在「自我戀」的範疇下予以賤斥。此做法和西方比較，有明顯差異。在西方，精神分析學理論挑戰原有異性戀規範，也造就新的異性戀規範提供重要依據。佛洛伊德不重視生育，而是肯定個體性慾，挑戰舊有規範。但是，將異性戀的性慾視為正常與成熟，則成為一種新的異性戀倫理規範。[107]反觀潘光旦挪用精神分

---

[105] Trigant Burrow, "The Genesis and Meaning of 'Homosexuality' and its Relation to the Problem of Introverted Mental States," p277.
[106] 潘光旦，《小青之分析》，頁37。
[107] Jonathan Katz, *The invention of heterosexuality*, p. 57.

析學，則是穩固以生育為中心的異性戀規範。對比中西的異性戀概念發展，在西方，是同性戀概念會被作為「賤斥」的力量，以攻擊脫離於異性戀常規的男女。潘光旦真正在意的是家庭制度的存續，他批評的對象不只是逃逸異性戀常規者，還包含逃避於家庭、婚姻與生育的對象。因此，單單只討論同性戀與性傾向是遠遠不夠的。

從〈馮小青考〉到《小青之分析》，潘光旦延續異性戀規範的概念，重點則從戀愛轉變為婚姻與生育，甚至反對會阻礙婚姻的戀愛方式。潘光旦的論點已經違背五四強調自由戀愛的精神，因此需要更強而有力的科學作為依據，以強化他的論點。於是他在《小青之分析》大幅增添了性心理學的知識。但是仍維持先前反傳統的論述框架，將傳統才女視為受害者角色，唯更強調才女的個體責任。此時馮小青成為一種負面標籤，代表了傳統社會的愚昧和病態。但是新版的馮小青也代表了自我、自私等特質，於是當女性逾越異性戀常規、不婚、晚婚和離婚時，就會被貼上「馮小青」的標籤。整體而言，在新版著作中潘光旦用科學包裝出新的異性戀規範，被納入五四婦女史觀之中，以科學證據強化傳統才女是受害者、愚昧之人，進而強化改革現狀的依據。

潘光旦作為一位關注民族及家庭存續議題的知識分子，他作為譯者的主體性，讓他過濾掉西方現代「性」（Sexual Modernity）的特色，即是「不再只以生育框架討論性，而是討論人類是否感到滿足為重點」。並且擴大自我戀的範疇，批評逃逸於異性戀常

規、家庭、婚姻與生育之人。讓原本是挑戰傳統異性戀常規的性心理學知識，變成維繫中國異性戀規範式（heteronormative）的慣習，男／女、丈夫／妻子的框架仍然穩固，父系的家庭系統毫無受損。[108]

三、影響大眾讀者：出版社策略與讀者回饋

潘光旦關於馮小青研究的論點出書後才更具影響力。1927年《小青之分析》一書由新月書店出版，潘光旦是新月書店的股東之一。[109]新月書店開辦宗旨有二：一是為了提供書店的朋友們之著作有適當的出版場所；二是為了對教育與文化有所貢獻。[110]據此推測，潘光旦選擇將〈馮小青考〉擴寫成書的因素有二：一是針對教育與文化貢獻，希望更多「小青」步入穩定婚姻關係；二是出於商業考量。在動機方面前文已討論，本節將從商業考量的角度，分析該書的出版、宣傳和讀者回饋，考察潘光旦運用歷史傳統和科學知識等資源的論述策略是否成功。

《小青之分析》出版於新月書店創辦的第一年，是書店需要扎穩根基的階段。在此時期，新月書店第一任經理余上沅

---

[108] Susan L. Mann, *Gender and Sexuality in Modern Chinese History* (Cambridge: Cambridge University Press, 2011), p. xvii.

[109] 倪平，〈新月派的兩個支柱：書店、月刊的起迄〉，《中國現代文學研究叢刊》，第六期（北京：中國現代文學館，2005），頁270。

[110] 胡博，〈新月派書店考〉，《文學評論》，第六期（北京：中國社會科學院文學研究所，2015），頁161。

（1897-1970）向潘光旦邀稿，並建議「爰取舊有關於小青之材料重加釐訂，於其性心理變態，復作詳細之探討」。[111]另外，書名設計則反映出版社偏重於精神分析學知識的一面，如從強調考證的篇名〈馮小清考〉，到強調心理分析的書名《小青之分析》和《馮小青：一個影戀的研究》。可見性科學比起歷史更受到書籍市場歡迎。張競生《性史》一書的暢銷，也暗示書籍消費市場對於性議題書籍的需求。潘光旦更改的書名未若《性史》一書如此明目張膽，但也將性心理變態推向最顯眼之處。

　　不過，做為具有主體性的讀者的角度來看，其閱讀趣味並不一定與作者或出版社一致。綜觀讀者的回應，其關注面向可分為兩類。第一類是確實如出版社所預測，偏好關注科學知識，且接受慾性命定說的論點。例如：1931年《大公報》的「讀者論壇」中有幾位讀者針對青年的性議題展開討論。首先引起眾人討論的是高力士〈青年時期唯一的障礙〉一文，他認為晚婚的壞處會造成青年以手淫發洩性慾。[112]後有讀者加入討論認為「從手淫變症而來的同性戀愛，我相信比手淫還要屬害得多」。[113]之後，另一位讀者田泉便援引潘光旦的理論，總結上述讀者們的提問：

　　如小青就是個例，她只知愛憐自己鏡中的顏貌和水中的影

---

[111] 潘光旦，《小青之分析》，頁1。
[112] 高力士，〈青年時期唯一的障礙〉，《大公報》，1931年01月18日，第11版。
[113] 〈關于「青年時期唯一的障礙」〉，《大公報》，1931年02月01日，第11版。

子（潘光旦著的「小青的分析」可供參考）。有陷在第二時期中不能移動者,如有許多成年的人仍不能離開家門一步。至於陷在第三時期中不願前走的更多了,同性友彼此發誓不嫁人或不娶親以維繫彼等同性之愛。這統統都是畸形的,病態的。由以上看,同性戀時期是我們必經的過程之一。如能順序走過,不特無害,而且有益。要是停著不前走,害處就發生了。[114]

田泉將同性戀視為自然發展過程,便是引用潘光旦所創立的「慾性之流」說。可見潘光旦的理論成為大眾的共識,結束了此議題的討論。

另一援引潘光旦作品的案例是爰言女士的投書。爰言抱怨丈夫不理睬她,反而「時常和帳房先生鬼混」。[115]有讀者運用潘光旦的「慾性命定說」回應解釋對方丈夫的心理問題:「我們既知道性發育的程序以及中滯與迴流的原因,可見一個對妻子冷淡無情的丈夫,心理上一定有一種特殊的狀態。」這段言論複製了潘光旦「慾性之流說」的詞彙與概念,即性心理問題是發展過程「中滯」或「迴流」到早期性發展階段。這位讀者認為爰言女士的先生「和帳房先生鬼混的時候多」,是因為「同性戀從自我戀

---

[114] 田泉,〈同性戀問題的討論〉,《大公報》,1931年02月21日,第11版。
[115] 爰言,〈千萬婦女中的一個呻吟者〉,《宇宙風:乙刊》,第1期（1939年）,頁42。

推廣而來」，因此主要心理問題是自我戀。[116]讀者此一解釋確實符合潘光旦在《小青之分析》突顯自我戀概念可能所產生的結果。

從上述讀者回饋得知，潘光旦的理論成為社會大眾理解不同性傾向的基礎。潘光旦向讀者傳達了異性戀是人類發展最成熟的階段，其他形式的情慾，如：同性戀、自我戀和母子戀皆是人類幼稚、未成熟的階段。因此，社會大眾認為人們在特定時間點有非異性戀的表現，如同性情感，是可以被容許的。因此，學生時期的同性戀愛可以被接受。但是到了適婚年齡仍未結婚，或是對異性仍未有慾望，將會被視作是一個需要被解決的心理問題。

不過，並非所有的讀者都將《小青之分析》視作是性心理學的專業著作。《社會日報》的一篇投稿，論者則關注才女馮小青悲劇性人生：

> 潘光旦先生曾花很大的力量，從心理的立場研究馮小青的一生的過程，而成功了那麼厚厚一本書『馮小青』，他只說馮小青是中國典型的女人，逆來順受，自怨自哀，一般中國女人所做的所表現的她也都做著都表現出來了。[117]

又如在《婦女共鳴》刊載的〈婦女應備的讀物〉，雖將潘光旦的《馮小青：一個影戀的研究》列入推薦書單，卻被歸類

---

[116] 放任，〈自我戀的丈夫〉，《宇宙風：乙刊》，第5期（1939年），頁224-225。
[117] 大風，〈秀色樓雜譚「馮小青傳」〉，《社會日報》，1938年09月12日，第3版。

為「詩歌小說」，而不是更相符的「婦女問題類書」。[118]可見，《婦女共鳴》關注的，仍是傳統才女敘事的馮小青。這類讀者重視的是，馮小青的歷史故事，隱沒潘光旦想要傳遞的性科學知識，及其對於女性晚婚、不婚與離婚現象的批判。不過，有了這些雜誌推薦，反而讓潘光旦的作品突破原有的目標客群，使原先對性科學知識沒有興趣的人接受「慾性之流說」。

總體而言，《小青之分析》和《馮小青：一個影戀的研究》的讀者群有兩類性質：一群是追求科學新知，另一是延續傳統文人的興趣。雖然潘光旦與余上沅的出版策略是針對前者讀者，卻意外的吸引了不同的客群，擴大了該書的傳播廣度。這次作品的成功，顯示傳統與現代知識不必然是衝突關係，傳統故事成為有益於推廣現代知識的媒介，亦奠定潘光旦在大眾心中性心理議題專家的形象。

小結

潘光旦從〈馮小青考〉到《小青之分析》，其共同目的皆是強化女性步入婚姻的動機。潘光旦書寫〈馮小青考〉時，將自由戀愛作為解決婚姻問題的方式。但隨著時間過去，自由戀愛的結果並不如意，無法確實促使青年步入婚姻建立家庭，於是他轉

---

[118] 陶果人，〈婦女應備的讀物〉，《婦女共鳴》，第29期（1930年），頁26。

而批評個人主義式戀愛的弊病。當步入婚姻的手段有所修正時，他的論述的方向亦從歷史考證轉向精神分析學。潘光旦一方面援用精神分析學再詮釋傳統才女，藉此書寫新的才女歷史，將現實改革問題透過歷史事實具體化；另一方面動用歷史資源佐證性心理學理論的真實性，讓理論能夠落實於社會。這兩種資源相輔相成，讓潘光旦得以成功說服大眾，建立其性學權威地位。

潘光旦早期受到梁啟超的史學訓練影響，著重於賦予歷史新意義、對現代提出借鑑。因此，潘光旦將馮小青之死解釋為，傳統社會對女性的限制所造成的心理疾病，合理化改革現代社會的意圖。這套批評傳統的敘述框架，從〈馮小青考〉到《小青之分析》皆未改變，一直都是將傳統女性視為單一的整體，批評傳統社會與「小青們」的行為，以此合理化改革女性的現實需求。此一治史框架是潘光旦對性科學書寫的標準與模式，而後隨著該書的出版和傳播，此套書寫策略確立了他的性學權威的地位。

科學在此時是一強大的武器，幫助潘光旦成功挑戰明清文人對小青的解讀，也提供足夠的能量反對五四以來強調的自由戀愛。潘光旦有強烈改革社會的意圖，其所引入的精神分析學，展示出他對特定知識內容與蘊含價值的偏好。他作為譯者更進一步展現能動性，例如修改部分精神分析學的知識內容，讓知識得以為中國的傳統家庭制度服務。正如許慧琦注意到潘光旦在譯註

《性心理學》時，並不同意靄理士對個體性慾的論述。[119]在寫作
《小青之分析》時，他同樣巧妙將自己的思想嫁接在西方權威
上，將西方學者的話語納為己用，建立一個混雜的性科學理論。
此外，研究對象馮小青的女性身分，使得潘光旦在選擇精神分析
理論時，採用了重視女同性戀成因的巴魯，反映出中國接收不同
流通的性科學知識時，地方資料會影響知識分子的選擇。也因
此，中國的同性戀概念生成過程，比其他國家更加地受到女性形
象的影響。

最終，無論是癡迷於才女馮小青者，或受到科學新知吸引
的讀者，都接收到潘光旦提出的「慾性之流說」，並作為理解性
心理發展及相關疾病的基礎。值得注意的是，潘光旦並未意料，
他完整地引介巴魯對於同性戀成因的理論。此一理論的傳播，讓
「正常」異性戀與「不正常」同性戀的邊界更模糊且重疊，對
各類性模式的正常化做出了貢獻。[120]這些不在預期中所流通的知
識，更貼近原先的性科學知識，讓讀者願意包容特定狀態下越界
於異性戀常規之人。

整體而言，潘光旦所建立的性科學知識體系，具有強烈的
異性戀規範，在寫作策略上則是將五四婦女史觀融合性科學的解
釋。潘光旦在強烈改革社會的企圖下，將西方被視為兩派的性心

---

[119] Rachel Hui-Chi Hsu, "The "Ellis Effect": Translating Sexual Science in Republic China, 1911-1949," p.201.
[120] Birgit Lang, "Normal Enough? Krafft-Ebing, Freud, and Homosexuality" *History of the Human Sciencesm*, Vol. 34:2 (2021), p. 107.

理學，得以融合，藉由他巧妙的創意與嘗試，讓性科學知識成為
維繫近代中國的異性戀家庭制度之思想資源。

第三章
同性情慾去病化之困境：
加本特與中性論之翻譯與傳播

　　1920年代同性戀除了出現病理化的詮釋之外，在西方尚存另一股相反的論述存在。該論述的代表，是二十世紀初期英國同性戀之解放先驅，愛德華・加本特（Edward Carpenter，1844-1929）[1]所寫的《中性論》，該理論試圖正常化同性戀。此學說雖然在中國廣傳，但是卻無法成為足以抗衡疾病化論述，甚至作者是同性戀者也不被中國讀者所知。但是，該書籍在中國的同性戀、性別與性慾等議題上，它的存在具有多元性的意義，並且可與潘光旦等人所擁護的疾病化理論發展，作為一種對照與反思。因此，本章節將分析「中性論」的翻譯與傳播，探索同性戀去病化過程所遭遇的困境，並以此觀察中國的異性戀規範的特色。

　　愛德華・加本特的作品遍及歐洲、印度、日本、北美和澳洲。[2]縱然加本特作品十分暢銷，但在他去世之後很長一段時

---

[1]　中文翻譯有加本特、嘉本特和卡本特三種，本文選用最常使用的加本特為主。

[2]　*Sheila Rowbotham, Edward Carpenter: A Life of Liberty and Love* (London:

間，並沒有引起學界關注，一直要到1970年代同性戀的社會運動興起，加本特的著作才開始被世人所注意。例如1970年代後，對於加本特的研究才增加，尤其強調他的兩項貢獻，一是在1913年建立英國性心理學會（British Society for the Study of Sex Psychology），自此開啟英國在心理學上對同性戀議題系統性討論與研究。[3]二是加本特的著作《愛的成年》（Love's Coming of Age, 1896）和《中性論》（The Intermediate Sex: A Study of Some Transitional Types of Men and Women, 1908）。

　　加本特這兩本著作提供了時人對性別與性傾向的新啟發。其一是《愛的成年》，該書集結1893年到1894年加本特所寫的四本小冊子，分別是：《女性論》（Woman and Her Place in Free Society）《婚姻論》（Marriage in a Free Society）、《戀愛論》（Sex-love and its Place in Free Society）、《同性愛論》（Homogenic Love and Its Place in Free Society）（之後重新改名為《中性論》〔The Intermediate Sex〕販售）。[4]該書收錄四篇小冊子，其核心理念是對同性戀的肯定和維護，進而討論其他性別議題。舉例而言，加本特在《婚姻論》強調分離性與生育之間的關係，其出發點是維護同性戀和化解大眾對同性性慾的批判。其二是備受關注的是《中性論》，

Verso, 2008), p. 2.

[3] Sean Brady, *Masculinity and Male Homosexuality in Britain, 1861-1913* (New York: Palgrave Macmillan, 2005), p. 207.

[4] Sheila Rowbotham, *Edward Carpenter: A Life of Liberty and Love*, pp. 189-190.

該書更鮮明的表達對同性戀的肯定。加本特試圖證明同性間產生的情感和慾望，並非出於好奇心或是情境使然，而是出於天性。此概念在當時是相當前衛的。值得注意的是，加本特所提的天性不似當代所提的性傾向，而是指性別。加本特認為人類世界存在有第三種性別：中性。中性是在男性與女性之間的獨立存在的第三種性別，其判定方式是透過心靈的、精神上，靈魂的，加本特否定由賀爾蒙與生物器官決定天性，並認定同性戀是中性人獨有行為。[5]

　　但是，加本特的著作傳播於各地時，上述的論點皆有明顯地遮蔽或竄改。例如《中性論》在翻譯成日文時，有意料之外的發展。《愛的成年》一書在1915年由《共產黨宣言》的譯者堺利彥（1870-1933）所翻譯，他將加本特的《愛的成年》譯為《自由社會の男女關係》；第二個版本是1921年由日本女性運動家山川菊榮（1890-1980）翻譯，並將書名譯為《恋愛論》，兩本書皆沒有收錄《中性論》。然而，《中性論》被獨立出來翻譯，最早的日版《中性論》一書，是在1914年由山川菊榮翻譯並連載，最後彙整為《同性の愛》並與另一篇由堺利彥所翻譯的《女性中心》文章合併，一起出版為《女性中心と同性愛》一書。

　　《中性論》原先是加本特為了支持男同性戀而寫，但是在日本反而大受女性譯者和女權運動者吸引。她們翻譯「中性」與

---

[5]　Jeffrey Weeks, Sex, Politics and Society: The Regulations of Sexuality Since 1800 (London: Longman, 1981), p. 173.

「同性愛」時，將新詞放置在女權的脈絡，例如將《中性論》用於解釋：女性對獨身的認同感、同性情誼及女性認同。雖然這可能是對女同性戀的認同浮現，但因為詞彙的模糊與不精確，無法對抗其他性學的疾病化的同性戀解釋。[6]透過比較，可發現《中性論》在日本，發展出不同於英國的性別議題。但又有同樣的現象是共有的，像是利用新術語重建對同性戀的觀感，不管東西方皆歷經種種挫敗。[7]

《中性論》在中國的發展，又是一個獨特經驗。中國只有翻譯出版《愛的成年》一書，一是並非如同日本將《中性論》獨立翻譯與出版。二是中性論在中國雖然只有以書籍的一章節篇幅出現，但是《愛的成年》一書卻十分暢銷，有一定數量的讀者群。三是《愛的成年》在中國皆是由男性譯者翻譯，此狀況也不同於日本是由女性譯者推廣。以上三種差異，都使得中性論在中國的翻譯狀況值得再研究，理解東亞在同性戀論述去病化的歷程，所面對的共同困境。因此，以下將從翻譯與傳播的視角，分析中性論在中國的傳播和翻譯之困境和挫折，作為疾病化理論發展之對照。

---

[6] Michiko Suzuki, "The Translation of Edward Carpenter's *The Intermediate Sex* in Early Twentieth-Century Japan," in Heike Bauer, ed., *Sexology and Translation: Cultural and Scientific Encounters across the Modern world* (Philadelphia: Temple University Press, 2015), pp. 197-199.

[7] Michiko Suzuki, "The Translation of Edward Carpenter's *The Intermediate Sex* in Early Twentieth-Century Japan," pp. 209-210.

一、加本特思想與《愛的成年》之引介

　　五四新文化時期，出版商有兩大類型，除了商業性營利導向的出版社外，還有以宣揚自身理念的自營出版社。加本特的《愛的成年》在中國有多家出版社皆有出版，因此需要區分兩條脈絡：市場需求和思想倡議，以這兩條線思考加本特在中國是如何被選擇與銷售，最後到讀者的面前。由此可知加本特思想在何種背景與社會需求下被引入中國，進而被理解。

（一）引進：周作人與加本特思想

　　前人研究考據加本特的思想引入中國，是受到文藝理論家廚川白村（1880-1923）的影響。在1922年廚川所寫的《近代的戀愛觀》一書被引入中國後，促使中國青年更加渴望西方近代戀愛論新知，藉此契機將中國青年視野延伸至西方世界。[8]

　　但，從中國內部的時間軸觀察可發現周作人（1885-1967）的介紹文章出現時間，早於廚川白村之著作，也在出版宣傳發揮更大的作用。首先，根據周作人日記可發現他很早就關注到加本特，在1918年8月21日他收到自東京丸善書局郵購的「カア

---

[8]　工藤貴正著，範紫江、張靜、吉田陽子翻譯，《廚川白村現象在中國與臺灣》（臺北：秀威資訊科技公司，2017），頁77。

ペンター著書一冊」，[9]22日開始閱讀，[10]26日寫「隨錄感一則
介紹力アペンター。」[11]周作人閱讀《愛的成年》的時間是1918
年，早於廚川白村的日文版《近代的戀愛觀》出版時間1922年，
又周作人閱讀《近代的戀愛觀》是1924年8月，因此可懷疑廚川
白村的影響力似乎沒有預期中大，至少沒有影響周作人的閱讀選
擇。[12]

　　再者，雖然周作人透過日本書商購買到加本特的著作，但是
他閱讀的版本，更可能是從英文原著而來。從書名的角度觀察，
《愛的成年》日文翻譯版本共有兩版，第一個版本堺利彥所翻譯
《自由社會の男女關係》；第二個版本是山川菊榮翻譯的《恋愛
論》。兩者譯名皆與周作人所記錄的書名不同，可推測周作人極
可能直接閱讀英文版本。

　　周作人將加本特的思想，放在五四新文化運動的婦女議題
下進行思考。《新青年》雜誌自1917年二、三、四卷，不時會以
〈女子問題〉專欄刊登女子教育、婚姻和職業等主題的社論文
章。其中陶孟和投書〈女子問題：新社會問題之一〉，呼籲婦女
問題需要仰賴西方理論的引進得以解決：

9　周作人，《周作人日記（上）》（北京：新華書店，1996），頁773（1918年8
　　月21日條）。
10　周作人，《周作人日記（上）》，頁774（1918年8月22日條）。
11　周作人，《周作人日記（上）》，頁775（1918年8月26日條）。
12　周作人，《周作人日記（中）》（北京：新華書店，1996），頁418。

女子問題，歐美社會問題之最重者也。其成為問題也，純
為社會狀態之所誕生，所醞釀。其所由來，非一朝夕，必
社會狀態有其所以興起之原因。吾今欲究中國女子問題，
自不能不述及女子問題發源地之歐美，自不能不述及發源
地之社會狀態，以供吾人之借鑑。[13]

　　該文一方面表達婦女議題不受重視的焦慮，另一方面呼籲大
眾投入婦女問題之研究，尤其指引大眾解決方式的第一步是翻譯
歐美著作。或許是受到投書建議的影響，周作人身為《新青年》
的重要撰稿人，便開始介紹一系列西方婦女議題相關讀物給讀者。
　　周作人介紹眾多西方婦女議題的著作，1918年發表的〈隨感
錄〉三十四一文。在該篇文章中，周作人簡單介紹三本書籍與心
得感想，三本書分別是：加本特的《愛的成年》、靄理士的《性
的進化》和奧古斯特・史特林堡（August Strindberg）的短篇集
《結婚》。周作人尤其對《愛的成年》多有著墨，甚至翻譯節錄
一部分內容，讓讀者更深刻理解該書內容。
　　周作人將《愛的成年》的定位為「指導女子解放」的優良讀
物。有趣的是，要如何指導女子解放並不明說，而是選擇透過節
譯來暗示讀者，解放關鍵在於改變對「性慾」看法。[14]如：

---

[13] 陶履恭，〈女子問題：新社會問題之一〉，《新青年》，第4卷第1期（1918
　　年），頁14-15。
[14] 作人，〈隨感錄三十四〉，《新青年》，第5卷第4期（1918年），頁409-412。

他先肯定人生，承認人類的身體和一切本能欲求，無一不是美善潔淨；他所最恨的，便是那「賣買人類一切物事的商販主義與隱歲（隱晦）遮蓋的宗教的偽善」他說明「對於人身那種不潔的思想，不如去掉，難望世間有自由優美的公共生活」。[15]

最後，周作人特別在文末提醒讀者該書在世界的地位，「《愛的成年》係一八九六年出版，本國銷行甚廣，別國也多已譯出，我本想多譯幾節，因為沒有餘暇，所以只能說個大略。」[16]

從周作人的閱讀心得，可發覺加本特《中性論》被忽略，又周作人雖然將該書定調成在婦女問題，但也不如日本的加本特譯者們，將之放在建立女性間的團結與認同的脈絡。周作人重視的是對婚姻與性，實際上反映1910年代後期知識分子熱衷的「自由戀愛」話題，對「自由戀愛」意義內涵的爭議。周作人透過加本特之口，呼籲性慾並不骯髒汙穢，真正骯髒的是作為買賣的性。換言之，是批評傳統媒妁之言的婚姻，女性被當作性商品販賣，婚姻關係成了買賣關係，就是骯髒的性，但真正的性應該是在自由戀愛下發自內心與自然的行為。不管是加本特的同性戀思想，還是日本所強調的女性解放，實際上都被中國知識分子挪用，成為解決中國的婚姻問題的思想資源，而非完全是為了解決婦女

---

[15] 作人，〈隨感錄三十四〉，頁412。
[16] 作人，〈隨感錄三十四〉，頁412。

問題。

〈隨感錄三十四〉發表之後，敏銳的書商們嗅到了商機。1919年加本特作品陸續翻譯成中文，首先是在北京《晨報》和上海《時事新報》連載，隨後由北京晨報社出版成書。書商將〈隨感錄三十四〉也一併收錄於書中，並沿用周作人對該書名的翻譯。[17]顯示了周作人引進《愛的成年》時，所扮演的關鍵角色。

總的來看，無論是從引入時間或傳播程度，周作人比起廚川白村和日本，更顯得重要，周作人是將加本特引入中國的重要中介者。從周作人的閱讀介紹，可發現他完全忽略加本特支持同性戀的立場，也忽略日本對加本特思想的解釋。在此議題上，較難看見日本對中國的影響，縱使這些書籍需要仰賴日本書商代購。中國知識分子放置加本特的思想在中國的異性戀議題，試圖透過加本特為自由戀愛背書，和希望中國社會建立對「性慾」應有開放態度。雖然加本特的思想在周作人的挪用下，發展出不同的意義，但周作人仍是促使中國讀者開始接觸加本特與《愛的成年》的領銜者，也提供一個空間，讓加本特的《中性論》與支持肯定同性戀之立場論述，有機會可以被引入中國。

---

[17] 后安，〈譯序〉，《愛的成年》（北京：晨報社，1920），頁1。

（二）一門好生意：四家出版社之出版與宣傳《愛的成年》

自周作人向社會大眾推廣《愛的成年》之後，經歷兩種載體階段，報紙連載與出版成書。第一階段是報紙連載，最早是1919年由后安（本名為郭須靜，筆名亦有厚庵）翻譯，起初將書名譯為《男女關係論》，發表在北京《晨報》和上海《時事新報》連載；[18]1923年海燕將書名翻譯為《戀愛論》，連載於《民國日報‧婦女評論》；同年啟塙摘譯《愛的成年》的第一章，翻譯為〈性的研究〉刊登在《現代生活》；1924年任白濤（1890-1952）以B.T.生為筆名，在《民鐸》連載，並翻譯書名為《戀愛之理想境》。

第二階段出版成書，前後共有四家出版，分別是：一、1920年由北京晨報社出版，由后安翻譯，書名為《愛的成年》，自1920年1926年一共再版六次，是最暢銷與為人所知的版本；二、1926年由開明書店出版，樊仲雲（1901-1989）翻譯，並改編書名為《加本特戀愛論》；三、1927年由上海亞東圖書館出版，任白濤（1890-1952）翻譯，加本特的作品被命名為〈戀愛之理想境〉，並與其他翻譯文章，共同被收入在《近代戀愛名論》一書；四、1929年由大江書鋪出版海燕的翻譯版本，後又由郭昭熙校閱翻譯，書名再度被譯為《愛的成年》。[19]

---

[18] 后安，〈譯序〉，《愛的成年》，頁1。

[19] 北京圖書館編，《民國時期總書目（1911-1949）社會科學（總類部分）》（北京：書目文獻出版社，1995），頁125、127。

《愛的成年》的出版社，如北京晨報社、開明書店、上海亞東圖書館和大江書鋪，這四間出版社在不同時間陸續出版，又多次再版《愛的成年》，可見該書具有龐大的閱讀市場。甚至，在1924年《愛的成年》被北洋政府列入禁書名單，仍沒有影響到該書的出版狀況。另外，北洋政府的禁書舉動甚至引起社會反彈，如胡適寫給北洋政府國務總理張國淦的信中，他提到禁止《愛的成年》出版是不合理的：

> 最奇怪的是現在警察廳禁售的書，不但有這兩部文存，還有便衣偵探把一張禁書單傳給個書攤，內中有什麼《愛的成年》、《愛美的戲劇》、《自己的園地》等書。這真是大笑話！《愛的成年》乃是英國著名老宿嘉本德（Edward Carpenter）的名著，世界各國皆有譯本，不料在中國竟遭禁賣之厄。《自己的園地》乃是周作人先生評論文學的小品文字集結，為近年文學界希有的作品，亦不知為何遭此災厄。這些書固然於我無關，但這種昏謬的禁令實在太可笑了，我連帶說及一句，也很盼望先生設法消除這種笑話，不要太丟中國的臉。[20]

北洋政府的禁書策略，採取非公開的形式，雖然胡適提出建

---

[20] 胡適，〈寫給張國淦的一封信〉，《晨報副刊》，1924年7月6日，頁2。

議，但並無任何好結果。[21]但，這些現象都顯示《愛的成年》廣受知識分子推崇。此外在禁書的隔年，1925年《京報副刊》作了一項閱讀調查「青年愛讀書十部」，一共回收了308份書單。根據統計，《愛的成年》得票只少於《新青年》一票。[22]從出版社的銷售成績與讀者的評比活動，可大概推算《愛的成年》的傳播十分廣泛，而且受青年喜愛與重視，值得書商們一再冒險地投入翻譯與販售。因此，中性論隨著該書擁有的大量讀者，可推論此概念得到社會一定程度的認識。

　　《愛的成年》傳播廣闊，出版社的宣傳功不可沒。值得注意的是，四家出版社皆是維持周作人對該書的定調，以自由戀愛為主題對外宣傳。其中最明顯去突顯戀愛主題的是，開明書店和上海亞東圖書館的版本，這兩家的強調方式是不將原書名*Love's Coming of Age*直譯為「愛的成年」。開明書店的版本，將書名翻譯為《加本特戀愛論》；上海亞東圖書館的版本，則譯為《戀愛之理想境》。這些書名翻譯與原書名有其差異，書名所呈現的是出版社所挑選的內容重點，兩家出版社都更強調「戀愛」的意涵。

　　出版社所擷取的焦點，也影響讀者所接收的方式。在1925年《京報副刊》主編孫伏園向海內外名流學者邀稿，請學者們列出適合中學生與大學生閱讀書目，當時多位有名知識分子皆有參

---

[21] 張靜盧輯著，《中國現代出版史料甲編》（北京：中華書局，1954），頁52-53。

[22] 記者，〈統計的結果〉，《京報副刊》，青年愛讀書特刊（1925年2月28日），頁22-24。

加，如胡適、梁啟超和周作人等七十多人。[23]其中許壽裳（1883-1948）所推薦十本必讀書單，就有列舉加本特的《愛的成年》，推薦理由是「改造社會論中戀愛觀。」[24]

　　從書商、譯者的宣傳到讀者的閱讀體驗，可發現書商與譯者在書名中強調戀愛的內涵時，容易讓《愛的成年》遠離原先加本特「肯定同性戀」的核心。因為在1910年代「戀愛」作為一關鍵詞，內涵被縮小範圍為於：「男女之情」及「高尚精神性」二種性質為主。[25]於是，當書名越偏向使用戀愛，就使得加本特的中性論，更難被讀者所意會是同性戀，而只會被視為異性戀的戀愛。

　　出版社除了以男女戀愛作為宣傳重點，打入書籍市場外，左派色彩較濃厚的大江書鋪，則是出於加本特持社會主義理念，因為共同信念，出版社才會選擇出書。大江書鋪創辦人陳望道（1890-1977），認為《愛的成年》是一部具有社會主義的婦女問題重要著作。陳望道強調《愛的成年》更優於社會主義女性解放之權威書籍——倍倍爾的《婦女與社會主義》，[26]他還在廣告詞中強調：「這是卡氏Love's Coming of Age的全譯。與倍倍爾的婦女與社會，並為世界婦女論底雙璧。而較之倍氏底現實的科學

---

[23] 田露，《20年代北京的文化空間：1919-1927年北京報紙副刊研究》（上海：社會科學文獻出版社，2015），頁170-171。

[24] 許季黻，〈青年必讀書〉，《京報副刊》，第84期（1925年3月10日），頁8。

[25] 清地ゆき子著，桃紅譯，〈近代譯詞「戀愛」的成立及其譯譯的普及〉，《東亞觀念史集刊》第六期（2014年6月），頁255-300。

[26] 陳望道，〈陳序〉，收入郭昭熙譯，卡本特著，《愛的成年》，頁2。

的則為理想的而有詩意的。」[27]

　　綜合周作人、出版社和讀者的反應，可以發覺加本特思想被傳入中國後，是以「異性戀戀愛」與「社會主義」兩項主要特色被認知，「異性戀戀愛」占更大的比例。比對中國和西方，可以發現原先在歐美世界，加本特最為人所知的同性戀身分，在傳入中國後皆被隱瞞。再將中國和日本比較，日本的出版與譯者，將加本特放在支持女性獨身和女性同性情誼。但中國的文化市場則可發現加本特思想，是一直被放在異性戀關係下討論。

　　因此，若比較世界各地的加本特思想發展，可發現中國比起其他國家，其異性戀規範更加穩固，難以撼動。這可能反映，在新文化運動時期，男性知識分子出於民族主義和宗族延續問題，十分焦慮自由戀愛與婚姻議題。另一方面則是，同性戀仍未成為普遍知識，出版社為了商業動機，更可能忽略加本特的同性戀身分和中性論》，才能吸引讀者注意。整體而言，雖然周作人與後續的出版社所著重的主題皆在異性戀戀愛，但是書籍暢銷仍讓中性論此概念得以有被中國認識的機會。

二、低聲呢喃：中性論的翻譯特點

　　雖然加本特被引介入中國時，出版社與周作人是將其思想

---

[27] 該書出版社，每本書書後皆有該書鋪出版的書籍介紹。郭昭熙譯，卡本特著，《愛的成年》，書後無頁碼。

放置異性戀的戀愛議題下被推廣。但仍不能忽視，在原典中加本特違背異性戀規範，挑戰了二元的性別分化和異性戀的慾望模式，也因此被引入中國。加本特為了將同性戀視為正常與自然，他提出一套從性別解讀性傾向的論述。他在《中性論》（The Intermediate Sex）寫到人類除了男女兩性外，還有位於兩性之間的中性，中性是指生理性別和精神性別不一致，換言之，「生理男性精神女性」與「生理女性精神男性」就是「中性」，且中性人才會發展出同性戀。因此，加本特強調同性戀並非一時娛樂、反常行為或疾病，而是屬於自然現象的存在。[28]他企圖破除陽剛男性與陰柔女性的二元性別，創造出第三種性別中性的特質，讓同性間的慾望合理化。因此，本節深入分析譯者翻譯《中性論》的用字策略，觀察各版本與加本特思想之間的距離。以評估同性戀作為一種性認同，是否已經在1920年代就進入中國，成為一股肯定同性戀的伏流。

　　由於中國沒有和日本一樣，將《中性論》獨立翻譯成書，而是非常零散、沒有系統的進行翻譯和傳播。加本特原版的《中性論》一共五章[29]，中國則翻譯了三章，而且四散於各報章雜誌，如：首先出現於1920年《婦女雜誌》中的名著專欄，由正聲翻

---

[28] Tony Brown, " Introduction, " in Tony Brown, ed., *Edward Carpenter and Late Victorian Radicalism* (London: Frank Cass, 1990), p. 10.

[29] 第一章〈導言〉（Introductory）、第二章〈中性〉（The Intermediate），第三章〈同性的愛〉（The Homogentic Attachment）、第四章〈愛情教育〉（Affection In Education）以及第五章〈中性在社會中的角色〉（The Place of The Uranian in Society）。

譯的《中性論》中的第一章〈導言〉和第二章〈中性〉；1923
年，沈澤民（1902-1933）在《教育雜誌》第15卷第8期翻譯《中
性論》中的第四章〈情感教育〉，並翻譯成〈同性愛與教育〉。
最後，《中性論》最精華之處，被收錄於在中國暢銷書籍《愛的
成年》。因此，以下將選用傳播最廣、具有系統思想的《愛的成
年》分析翻譯內文，理解去病化論述在中國發展的可能性與困
局，以此評估去病化的同性戀被讀者接收的狀況。首先，觀察
《愛的成年》所呈現的中性一章節之「外貌」，確定《中性論》
是否被收錄。再進一步，比較原文與中國譯文之差距，以評估是
否精確傳達《中性論》思想。

（一）《愛的成年》的中性論

　　前後共有四家出版社出版過《愛的成年》一書，其中共有
三家出版社收錄中性論，分別是：北京晨報社、開明書店和大
江書鋪。唯一沒有收錄的，是上海亞東圖書館出版的版本，該
版本1927年出版，任白濤翻譯，加本特的作品被命名為〈戀愛
之理想境〉，並與其他翻譯文章，共同被收入在《近代戀愛名
論》一書。

　　《近代戀愛名論》尚未收入中性論，與譯者與任白濤對同
性愛的立場有關。任白濤受到廚川白村所影響，認為中國與日
本有類似的戀愛現象，「憂慮普及性慾學的知識而不闡明戀愛
之人格的意義，恐怕人們的傳統偏見和迷妄，還要更其加甚

哩」。[30]任白濤擔憂西方性知識，可能更具有危險，因此他在引介知識時，會過濾他不認同的知識。

任白濤內心的審查標準，是一套異性戀規範框架，例如他1932年發表在《青年界》發表的〈現代性慾心理病態及其療法〉中便說「戀愛感情和生殖目的範圍以外的性慾為病的性慾」，並列舉四種病的性慾，其中一項便是「性慾對於同性（性慾倒錯）」。[31]因此，任白濤更貼近潘光旦的疾病化同性戀立場，而不是加本特的去病化。像是，任白濤曾經引用過潘光旦的發展階段論，認為兒童性慾有兩次轉向，第一次是轉向是三到五歲開始愛父母，第二次轉向是思春期開始愛異性。在兩次轉向之間的六到十二、三歲的時期，是兩性的潛伏期，這時期的性愛被任白濤稱為「未分化的性愛」，並強調這份情感真摯沒有任何性慾成分，一旦有了性慾成分就是病態的同性愛：

> 同性愛當然是一種病的性慾、這是在性慾分化發育，中途受了什麼阻礙──如家庭監督過嚴。在學校或寄宿舍難得接近異性的機會，在異性間找不到性愛的對象等──之必然的結果。這種病的性慾，有一直繼續到青年期以後。[32]

---

[30] 任白濤，〈譯者導言〉，收入斯丹大爾著，任白濤譯，《戀愛心理研究》（上海：亞東圖書館，1927），頁3。

[31] 任白濤，〈現代性慾心理病態及其療法〉，《青年界》，第2卷第5期（1932年），頁6。

[32] 任白濤，〈現代性慾心理病態及其療法〉，頁9。

除此之外，任白濤之後翻譯了其他性學家對同性愛的負面看法，例如1934年〈性慾之顛倒〉大力抨擊同性愛的不自然現象，如：

> 男愛女，女愛男，本是極自然的事情，但世上竟有與這相反而厭惡異性，愛戀同性的。這算是把正常的性慾弄顛倒了。那利害的：生為男身，自感是女，因而愛慕同性，不僅他的言語舉動和服裝一切，都含有這個顛倒的意味，並且他的身體狀態，也頗類似女性。[33]

　　可發現任白濤認同潘光旦的同性戀的疾病化論述，然而潘光旦所建立的論述便與中性論相衝突。因此，任白濤出於個人理念，認為中性論是不應該被普及的「性慾學知識」，導致不收錄〈中性〉一章。

　　但是除了任白濤之外，其他譯者並沒有因為內容影響〈中性〉收入書籍，甚至更追求完整譯介，讓譯者們改善翻譯後再版。例如北京晨報社版本，該版本是由日文重譯，但是譯者有發現日文版缺漏〈中性〉一章，卻沒有發現日文版的《中性論》，被獨立出版。因此后安特意找來懂得英文的朋友兼生君，幫忙翻

---

[33] 任白濤，〈性慾之顛倒〉，《青年界》，第6卷第1期（1934年），頁67。

譯第七章，如后安在序言說：

> 日文譯版把原書第七章「中性」The Intermediate 完全刪
> 去，改第八章為七章，我前此發表的譯稿也自然要少原書
> 一章了。現在當刊行於單本的時候，我很抱有修正和增補
> 的希望，所以「中性」一篇託友人兼生君翻譯出來補印裏
> 邊（也分股加以細目取與其他數章一致），以復原書八章
> 之舊觀。[34]

　　也就是說，其他版本的譯者和出版社，追求忠於原作的完整
性，積極補足日版的缺漏，沒有因為《中性論》的立場與內容，
而刪除或調整內文。最明顯的就是大江書鋪的版本，陳望道也是
因為追求譯介的完整和精確，而認為需要修正後再版。他認為
「那稿係據日本堺利彥節譯本譯出，既不完全，也對堺譯不全相
符。」[35]

　　整體而言，縱然譯者的立場會影響中性論的譯介，但這也
反映，譯者已經理解中性論的立場，所以才會遮掩部分內容。再
者，多數譯者和出版社出於完整性，因此讓〈中性〉被收入該書
中，讓更多中國讀者有機會閱讀該理論。但，不代表有足夠證據
推論，譯者和出版社是較為支持中性論，或是對同性戀抱持友善

---

[34] 后安，〈譯序〉，《愛的成年》（北京：晨報社，1920），頁1。
[35] 陳望道，〈陳序〉，頁2。

的態度。只能說，譯者與出版社重視原典重現，讓中性論有更大的發展空間。譯者與出版社對於真實與知識的追求，更勝於意識形態的考量，這才使得中性論得以被引入。

（二）關鍵詞彙的翻譯：同性戀愛、同性愛、中性與Urning

　　在英文版的書中，加本特使用Urning一詞指稱同性戀。Urning最早是由德國性學家Kal Heinrich Ulrichs於1867年所提出，Urning代表男同性戀，Urninden代表女同性戀。[36]加本特挪用了Urning，將之視為是能夠溝通與協調男性與女性的中性性別，定義中性人具有雙重性傾向與性特質（bisexuality）。[37]加本特透過使用Urning的概念，一方面將同性戀去病化，另一方面透過新的詞彙取代舊有詞彙，以「淨化」英國社會對於同性戀的負面形象。Urning此術語到了日本有不同的發展，日本譯者將Urning、Uranian和the intermediate sex皆翻譯為「中性」，有「中間之性」與「中立之性」之意。尤其「中立之性」，日本譯者此詞彙增添「無性慾」的意涵，賦予當時決定不婚、不生育而投入職場的女性，還有女學生間親密的關係之理論支持。[38]

---

[36] Robert Beachy, "German Invention of Homosexuality," *The Journal of Modern History* 82:4 (December 2010), p. 15.

[37] Jeffrey Weeks, *Sex, Politics and Society: the Regulations of Sexuality since 1800*, p.173.

[38] Michiko Suzuki, "The Translation of Edward Carpenter's *The Intermediate Sex* in Early Twentieth-Century Japan," in Heike Bauer, ed., *Sexology and*

從英、日的經驗，可發現Urning和the intermediate sex術語運用，皆有意圖改變社會對同性戀的理解。因此，要理解中國的同性戀去病化論述困境，需要特別關注Urning和the intermediate sex的翻譯。北京晨報社、開明書店和大江書鋪等三個版本，各自的譯者都有不同的翻譯方式，譯者們將Urning、Uranian和the intermediate sex翻譯為：同性愛／同性戀愛、音譯Urning、中性三類。

　　第一種翻譯為同性愛／同性戀愛一詞，此詞彙離加本特的核心思想策略最為遙遠。因為，加本特企圖建立一個性別屬性，以此合理化同性戀行為，取代已經疾病化且有負面意涵的同性戀一詞。但是譯者直接翻譯同性愛，少了中性作為新的思想載體，會弱化加本特對同性戀成因的解讀，以及他去病化同性戀的努力。第二種翻譯是音譯Urning，雖然依靠音轉而成的翻譯方式，省時省力。但實際上對中文讀者而言，「Urning」只是個空的容器，沒有舊有詞彙體系附著，卻也無法保證詞的內容是否精準傳達。[39]第三種翻譯是「中性」一詞，與加本特《中性論》思想最接近。又，「性」一詞有延伸過去古典中文的天性（human nature）之意，但近現代又多了性（sex）為第二意義。[40]因此，翻譯為「中性」更貼近加本特建立第三種性別屬性，並且暗喻位

　　Translation: Cultural and Scientific Encounters across the Modern World (Philadelphia : Temple University Press, 2015), pp.203-204.

[39] 沈國威，《近代中日詞彙交流研究》（北京市：中華書局，2010），頁32-33。

[40] Leon Antonio Rocha, "Xing: The Discourse of Sex and Human Nature in Modern China," *Gender & History* 22:3 (November 2010), p. 603.

於男女兩性光譜的中間位置，具有兩種性別特質。以下將分這三類放置於譯者的脈絡，詳述譯者對詞彙的選擇邏輯。

1.「同性愛」、「同性戀愛」

篇名原名是The Intermediate Sex，晨報社版本由后安與兼生君翻譯為「同性愛」。北京晨報社的版本，目錄篇名與內文皆是採用「同性愛」作為翻譯名稱，但內文篇名則改用了「中性」一詞。內部產生的譯名混亂，可能來自對內文理解上的影響。從原典來看，《中性論》最早的版本書名是*Homogenic Love and its Place in Free Society*。主題環繞討論同性戀，比起中性使用同性愛，更貼近加本特的動機與企圖。就內容，確實著墨於中性作為成因，解釋同性戀的正常與自然，因此譯者精準地從書籍內容抓取重點，才會將篇名編為「同性愛」，這樣的選擇，也可說兼顧了原書的內涵與作者著述目的。

再者，比起其他版本，北京晨報社的《愛的成年》有一特別之處，譯者在原有讀章節目錄外，增添小標題。譯者解釋「因為是從日文重譯的，所以日文書中每章裏邊一二三四等等小題目也就仍舊貫了」。[41]但，由於〈中性〉在日版《愛的成年》的闕漏，讓該篇是直接由英文直譯，所以該版本中〈中性〉一章，所添加小標題完全是中國譯者后安與兼生君，理解英文原版內文

---

[41] 后安，〈譯序〉，《愛的成年》，頁1。

後，為了幫助讀者快速理解重點所增添，正可反映譯者作為第一讀者，是如何理解加本特的。以下羅列〈中性〉一篇內的小題：

一、男女關係的改變

二、同性愛的研究之始原

三、同性愛的狀況和統計

四、同性愛者的性格

五、歷史上的證明。[42]

增添的小題解釋每一段的重點，讓讀者可以一目瞭然，也可觀察譯者所擷取的重點和理解。從用字遣詞，亦可發現譯者將焦點放在「同性愛」，而不是「中性」。換言之，譯者的編排扣緊「同性愛」一詞，顯示譯者對於同性愛的理解較深刻，更勝於加本特所建立的新性別屬性。這也可說，加本特建立新詞彙去病化同性戀的策略，在異國世界仍是不可行的。

從內文翻譯可發現譯者后安與兼生君，也將Urning翻譯為同性愛，例如：

---

[42] 加本特著，后安譯，《愛的成年》（北京：晨報社，1920），頁59-72。

加本特：

> Contrary to the general impression, one of the first points that emerges from this study is that Urnings or Urninans, are by no mean so very rare; but that they form, beneath the surface of society, a large class.[43]

后安與兼生君：

> 同性戀愛，是和一般的印象相反，一定是不少的。他們在社會的下層，結成一個很大的結集。[44]

　　觀察外部形式和語彙翻譯，可發現兩位譯者們翻譯篇名和內文、撰寫小標題，皆顯示譯者願意如實翻譯加本特的理論，也讓去病化的同性戀，得以有機會傳播出去。但是，將Urning一詞翻譯成「同性愛」或「同性戀愛」，一方面弱化了中性論概念，另一方面也顯示加本特的策略的失敗。顯示中性論翻譯的難度，在於譯者無法理解，跳脫兩性框架的概念，因此無法精準翻譯成「中性」，這也顯示加本特的策略在中文世界有流通難度。

---

[43] Edward Carpenter, "Love's Coming of Age," in Tamae Mizuta, ed., *Foundation of Japanese Feminism Collection of Western Source Seris1: Book Translated into Japanese during Meiji & Taisho Era Vol 5*, p. 118.

[44] 后安譯，《愛的成年》，頁63。

2. 音譯Urning

　　在加本特原文中，第一次介紹Urning一詞時，三家版本皆採用了借音的方式翻譯，例如：

> 加本特：
>
> People of this kind (i. e., having this special variation of love-sentiment) he call Urnings;*

兼生君：

　　這樣的人（就是有這種特別變化之愛的情操的）他稱作『烏齡斯』。

樊仲雲：

　　這類的人物（即具有此種特殊的戀愛感情的人）鄔氏喚作Urnings。

郭昭熙：

　　這樣的人物（就是戀愛底情操有這樣特別變化的）他叫做烏齡斯（Urnings）。

　　定義Urnings時，兼生君和郭昭熙兩人的翻譯特色，皆是以借

音的方式翻譯Urnings為「烏齡斯」。雖然在定義上，中文譯者選擇音譯，但是在其他段落中，兼生君和郭昭熙卻沒有再使用音譯的「烏齡斯」，而是改用同性戀。唯一持續使用音譯的譯者是樊仲雲，內文所有出現Urning和Uranian，他皆選擇使用原文英文。[45]

但，當樊仲雲翻譯the intermediate sex則會使用「中性」。[46]可以說，樊仲雲不認為Urning與the intermediate sex兩者是對等的概念。雖然比起翻譯為同性愛或同性戀愛，樊仲雲更貼近加本特的思想，但就重塑對同性戀的認知的角度而言，仍無法達到最佳效果。畢竟音譯不容易被讀者接收，因此難以與已經被廣傳的同性戀一詞相抗衡。

3.中性

大江書鋪出版，郭昭熙則在翻譯Urning、Uranian和the intermediate sex都使用了「中性」一詞，例如：

> 加本特：
>
> In the second place it emerges (also contrary to the general impression) that men and women of the exclusive Urnian type are

---

[45]　樊仲雲譯，《加本特戀愛論》（上海：開明書店，1926），頁132、146。
[46]　樊仲雲譯，《加本特戀愛論》（上海：開明書店，1926），頁132、146。

by no means necessarily morbid in any way-unless, indeed, their peculiar temperament be pronounced in itself morbid.[47]

郭昭熙：

第二（也與普通印象相反），那些全然屬於中性的男女，決不是有病的。除非說這些中性狀態就是病。[48]

加本特：

and though we are not obliged to accept his theory about crosswise connexion 'soul' and 'body,' since at best these word are somewhat vague and indefinite; yet his work was important because it was one of the first attempts, in modern times, to recognize the existence of what might be called an Intermediate sex, and to give at any rate some explanation of it.[49]

郭昭熙：

他這種「靈魂」「肉體」交相結合的理論我們雖不能深信。因為這些字的本身意義就有些猶疑不定；但是他底著作卻很重要，因為這是現代中最先承認可以叫做中性者

---

47 Edward Carpenter, "Love's Coming of Age," p. 120.
48 郭昭熙譯，《愛的成年》（上海：大江書鋪，1929），頁112。
49 Edward Carpenter, "Love's Coming of Age," p. 118.

底存在，且加以幾許說明。[50]

　　雖然郭昭熙的翻譯版本，頻繁出現中性一詞，但內文仍會交雜以「同性戀愛」指稱Urning。[51]可見多數譯者，是無法直接對譯Urnings一詞，只能從上下文句脈絡推敲出意義內涵。顯示加本特的中性論思想的翻譯難度，除了譯者要克服兩性的思考框架，還需要將同性戀視為一種性取向，而非一時的行為，才能將中性與同性戀，兩個概念綁在一起思考。再再表示，加本特的取代詞彙的概念，在中國的情境下並不容易脫離同性戀。

（三）是否傳達同性戀去病化？

　　以上三家出版社皆對Urning、Uranian和the intermediate sex有三種不同的翻譯方式，但他們翻譯加本特去病化的論述，皆無更動了語彙，而是試著貼近原文旨意，例如：

加本特：

　　In the second place it emergers (also contrary to the general impression) that <u>men and women of the exclusive Urnian type</u> are by no means necessarily morbid in any way unless, indeed,

---

50　郭昭熙譯，《愛的成年》，頁110。
51　郭昭熙譯，《愛的成年》，頁111。

their peculiar temperament be pronounced in itself morbid-
unless, indeed, their peculiar temperament be pronounced in
itself morbid. Formerly it was assumed, as a matter of course, that
the type was merely a result of disease and degeneration; but now
with the examination of the actual faces it appears that, on the
contrary, many are fine, healthy specimens of their sex, muscular
and well-developed in body, of powerful brain, high standard
of conduct, and with nothing abnormal or morbid of any kind
observable in their physical structure or constitution.[52]

兼生君：

　　還有（也是同一般印象相反。）那些同性相戀的男
女，也不一定是有病的。除非他們的氣質原來是有病的。
除非他們的氣質原來是有病了。從前的人，以為這種事
情，不過是疾病與墮落的結果；但是現在試驗那真實的事
情，恰與從前的見解相反。有許多面孔很好、身體很強、
腦力很大、品格很高尚、他們的身體和氣質的構造完全沒
有變態或病症。[53]

---

[52] Edward Carpenter, "Love's Coming of Age," p. 120.
[53] 后安譯，《愛的成年》，頁64。

樊仲雲：

第二種與普通印象相反的是，完全屬於Urnian類的男女，則未必是病的。除非他特有的性情其自身是病的——除非他特有的性情其自身是病的。在從前，以為這類的男女，完全是疾病或頹廢的結果；但是現在據實際的考察，則恰恰相反，有許多人卻是性的方面，既健康優良，身體也筋肉強健，頭腦清明，行動端正，在他的身體組織或體質上絲毫看不出異常的和病的象徵。[54]

郭昭熙：

第二（也與普通印象相反），那些全然屬於中性的男女，決不是有病的。除非說這些中性狀態就是病。從前以為這種型態，祉是疾病墮落的結果；現在是試驗實際事實，洽得其相反，有許多在他們性中是一個美麗健全的模樣，身體腦力也強壯發達，行為也高尚，他們肉體的構造或體質都沒有什麼變態或疾病。[55]

　　以上三種版本，可發現譯者們皆試圖傳達加本特的思想，某些群體無疾病也並非罪惡，就只是正常且自然的人類。但是，譯者對這類群體是誰，定義搖擺不定，例如有「同性戀愛」、

---

[54] 樊仲雲譯，《加本特戀愛論》，頁133-134。
[55] 郭昭熙譯，《愛的成年》，頁112。

「Urnian類的男女」以及「中性的男女」。這種混亂分散了去病化的力道。

再者，比較三本譯本，離加本特思想最接近的，是郭昭熙的版本，他以使用「中性」指稱Urning，並試圖取代同性戀一詞。但是，大江書鋪多次被國民黨政府查禁，加上經營不善於1933年停業，導致該版本的影響力、傳播範圍最小。[56]相反的是離中性論概念最遙遠的，后安與兼生君所翻譯的版本，全文皆使用「同性愛」或是「同性戀愛」指稱Urning，卻因為書籍再版高達六次之多，市面流傳最廣，所以是影響層面最大的版本。換言之，加本特替換術語的策略並沒有被推行，但他的去病化同性戀的內涵並沒有消失，仍有被傳播到讀者眼前。

在表面上，關鍵術語翻譯為「同性戀愛」比「中性的男女」更直接，似乎更容易讓讀者肯認同性戀。但，正如同英國與日本，譯者使用中性，是希望能以此新術語，重塑對同性戀的成因解讀，進而「淨化」社會對同性戀的負面觀感。只是新詞彙中性並沒有取代同性戀，於是變成去病化與疾病化論述，同時競爭對同性戀一詞的解讀。

---

[56] 姚一鳴，《中國舊書局》（北京：金城出版社，2014），頁204。

三、情感與疾病之爭：《同性愛問題討論集》

自1920、1930年代起，性知識書籍大受歡迎，其中北新書局在此風潮下出版一系列的性知識相關叢書，其中一本是1930年出版的《同性愛問題討論集》。[57]該書一共收錄兩篇文章，其一是楊憂天在《北新》雜誌發表〈同性愛的問題〉一文，他向大眾傳達同性戀是「變態的戀愛」，呼籲政治家和教育家注意這一個嚴重的社會問題。[58]該書收錄的第二篇文章，是胡秋原為了回應楊憂天，撰寫〈同性愛的研究〉一文，該文引用加本特的中性論，以肯定同性愛的存在，是「有發揮偉大作用的可能」，需要慎重以待。然而，胡秋原的〈同性愛的研究〉一文並沒有被刊載於《北新》雜誌中，而是直接被北新書局收錄成書，佔該書至少四分之三的篇幅。

兩人雖然立場對立，但是皆引用中性論闡述同性戀，因此可從兩人的對話，理解中性論的讀者，對於此理論的理解。藉此理解去病化的同性戀論述，在中國的影響力。

（一）論爭：語意的誤差

楊憂天與胡秋原，兩人針對同性戀議題辯論時，兩人皆

---

[57] 吳永貴，《民國出版史》（福州：福建人民出版社，2011），頁152。
[58] 楊憂天，〈同性愛的問題〉，收入《同性愛問題討論集》（上海：北新書局，1930），頁2。

身處日本，因此日本所盛行的同性戀理論，影響兩位作者的對話基礎。日本當時主要解釋同性戀的理論，分別是性倒轉（inversion）、中性（intermediate sex）、複性（compound sex）等三種理論。[59]第一種性倒轉理論，它認為性別倒轉的人會有同性戀行為，例如：女性化的男性會因為認同自我是女性，而導致他偏向喜歡男性。第二種中性理論，把男女性別系統視為光譜的兩端，世界上有一類性別是位處中間的中性人，此性別因此會喜歡同性或異性。第三種複性，認為人類都有男女兩性特質，直到青春期分化才會確定性別，但發展過程沒有分化成功，則會有機會成為同性戀。[60]這三種理論的共同特質是都在生物兩性的系統下，嘗試解釋同性戀的存在。

　　這三種日本所盛行的理論，皆出現在兩人的論辯。楊憂天的〈同性愛的問題〉以複性理論為中心，揉雜了中性論的概念，解釋同性戀的成因。楊憂天認為：「同性愛不拘男女，在他的身體中都含有其他異性的性分」，[61]通常異性成分只會潛伏在體內，直到不良環境刺激，才會顯現，例如在單一性別的環境，就會「促進潛在的同性愛的本質底發生」。楊憂天也有一套性發展階段論，區分為：小兒期、無差別期、差別期。他認為在無差別

---

[59] Gregory M. Pflugfelder, *Cartographies of Desire: Male-Male Sexuality in Japanese Discourse, 1600-1950*, p. 261.

[60] Gregory M. Pflugfelder, *Cartographies of Desire: Male-Male Sexuality in Japanese Discourse, 1600-1950*, pp. 255-261.

[61] 楊憂天，〈同性愛的問題〉，頁2-3。

期，表現出同性愛，是正常的現象，但若年齡進入差別期，同性愛未結束，便是有心理問題。[62]

楊憂天此說與潘光旦的理論非常相似，一是他們皆認同性階段發展論，認為某時期的同性愛是正常，若不正常發展，就會患有性心理疾病。因此他們同樣重視健全環境，才能支持正常性心理發展，因此大力抨擊「男女分校」和「獨身」的環境，認為這些不良環境會造成同性戀疾病。雖然楊憂天與潘光旦，都將同性戀視為疾病，但兩人使用的理論不同。楊憂天引用《中性論》的創立者，德國醫生卡爾‧亨利希‧烏爾利克斯的理論，將中性詮釋為是生理退化現象，導致性別「異化」。如楊憂天透過「牝雞司晨」作此譬喻：

> 在以前的人，以為老雌雞底雄化，乃是一種病的現象，因食物和氣候以及其他的原因所發生的，其實按著達氏的學理，這便是牠底潛伏性（雄性）底發得底結果。[63]

楊憂天所引用的中性論，是一種生物退化，與加本特視為人類進步的存在，截然相反。藉此，可發現中性論也具有負面詮釋的空間，此差異引起胡秋原的抗議。

胡秋原認同加本特的中性論，據康文慶分析有兩項原因。第

---

[62] 楊憂天，〈同性愛的問題〉，頁14。
[63] 楊憂天，〈同性愛的問題〉，頁10。

一是胡秋原是馬克思主義者，深受左派立場的加本特思想吸引；第二是胡秋原個人經歷。1925年他進入武昌大學，因好友嚴達洙之故，加入共青團。但，後嚴達洙被桂系軍閥捕殺。因此，加本特的作品為胡秋原提供思想資源，歌頌他與嚴達洙之間的同性情誼。[64]

擁護加本特的胡秋原，認為楊憂天對同性戀的理解，只是反映中國一般社會大眾的誤解、毫無道理的盲目，如此爾爾。胡秋原以馬克思主義比擬同性愛，認為兩者都是出於偏見，所產生不合理的厭惡：

> 現代中國的「要人」「名人」以至於一切學者，青年，一聽到什麼Communism Maxism就要感到戰慄的恐怖，痛心疾首的憎惡；因之而對蘇俄一切的事物，都以盲目的詛咒：這在一切明眼人看來，該要做一個若何的感想呢？
>
> 自然，在人們一聽到「同性愛」這個名詞即投以鄙夷，賤視，譏笑的眼光，這也無足怪的。[65]

為了解決大眾的盲目，胡秋原重新向讀者介紹同性愛，大量引用《愛的成年》的〈中性〉一章之介紹，尤其是透過將Urnings

---

[64] Wenqing Kang, *Obsession: Male Same-Sex Relations in China, 1900-1950* (Hong Kong: Hong Kong University Press, 2009), p. 46.

[65] 胡秋原，〈同性愛的研究〉，收入《同性愛問題討論集》（上海：北新書局，1930），頁50。

與同性愛畫上等號，以駁斥楊憂天對同性愛認知錯誤，如：

> 烏氏主張在靈魂（Soul）與肉體（Body）之間，是有種種
> 錯綜的關係；他給予這類有特殊戀愛感情的人以"Urnings"
> 的名稱。於是同性戀愛（The Homogenic attachment）也叫
> 做「Urning‧love」了。Urning這個字，係從希臘文Uranos
> 引申而來。Uranos之意為天（heaven），意思比普通戀
> 愛，較為崇高。因為在柏拉圖對話宴集篇（Symposium）
> 中，將戀愛分為精神的愛與肉的愛二者，於是愛神
> （Venus）也就分為兩個了，一是天上之戀（Venus
> Urania），一是肉感之戀（Venus Pandemos），柏氏以同性
> 愛是天上之戀，烏氏的命名，就是根據於此。——然而楊
> 君卻將Urning譯作「同性色情者」，雖然可以作「讚揚」
> 者之棒喝，然未免離本意過遠了。[66]

胡秋原駁斥楊憂天誤解了「同性愛」與Urnings的意涵。實
際上，楊憂天沒有完全將Urning譯作「同性色情者」，而是翻
譯為「男性底同性戀愛」（Urninge）和「女性底同性戀愛」
（Uranismus）。[67]因此，胡秋原此時並不只是與楊憂天辯論，也
是其他誤解同性愛的大眾，由此可窺見社會主流偏向以負面的態

---

[66] 胡秋原，〈同性愛的研究〉，頁61。
[67] 胡秋原，〈同性愛的研究〉，頁61。

度來定義同性愛。

在楊憂天的論述中，有部分確實將色情與同性愛產生連結。他在解讀女同性戀成因，認為她們是性慾無法滿足，才患有性心理疾病，並且將性慾無法滿足與女性獨身結合，如：

> 獨身乃現代文明所不可避免的趨勢，所以也就是使同性愛增加的一個原因。可是此種原因，女子又多於男子，所以女子間的同性愛，近來又更加增加。並且同是獨身，而男子底行動，可以自由，發洩性慾底地方也很多，若真正不堪情慾的壓迫時，一度花街柳巷，也可以減此慾火；惟有女子底行動，則受有限制，不僅她底自由受有束縛，就是姙娠底制裁，更受有社會底無形的監視，所以除與男子正當結婚以外，便沒有別的良法，可以避免同性愛。[68]

楊憂天認為，女性所處的環境比男性更不「自然」，除了婚姻之外，更難找到排解性慾的異性對象，為了解決性慾女性才會發展出同性戀愛。因此女性比男性，更容易患有同性愛。楊憂天將性慾是否滿足，定義為女同性戀成因。在婚外性行為不被支持的環境下，楊憂天和潘光旦一樣，擁護維繫著一男一女、一夫一妻的性別秩序和家庭結構，所以他們倆人將逃逸此秩序的女性，

---

[68] 胡秋原，〈同性愛的研究〉，頁44。

定義為因為性慾無法滿足的同性戀。治療的唯一方式便是婚姻，如此一來女性才能有正當管道紓解性慾，防止同性愛疾病發生。

　　兩人的論戰之起，除了兩方對中性論有不同的詮釋與援引，也反映了兩人立場的差異。楊憂天與潘光旦，同樣支持維繫家庭結構，胡秋原則是更在意，人類彼此之間的愛。立場與援引理論差異，造成胡秋原誤解了楊憂天的語意，也反映中性論在競爭同性戀的話語權，並不容易，除了面對其他學說外，內部學說也未有整合。

（二）精神之愛與後天疾病

　　楊憂天與胡秋原，雖然立場不同展開論戰，但他們的論述有更多的共同性。兩人肯定同性間的性慾疾病是存在的，所以胡秋原引用中國傳統詞彙，佐證同性之間的負面事實，像是使用傳統語彙的「龍陽」，「男色」，「男風」，「男妓」，「兔子」，「變童」，「磨鏡黨」，與具有現代意義的「同性愛」區隔。[69] 除了上述的傳統概念，胡秋原也認同環境不良所造成的同性關係，他便說「是在這些天生的戀愛同性者和那些僅僅是出於一種好奇的肉慾以及荒淫縱慾之徒，和那因普通性的滿足之機會的缺乏（如在學校軍隊中所有的）而採取的同性交的動作之間，是有絕對不同的界線。」[70]

---

[69] 胡秋原，〈同性愛的研究〉，頁51。
[70] 胡秋原，〈同性愛的研究〉，頁70。

胡秋原仍然強調，世界存在另一種同性關係，是不可以忽略它的價值和偉大，也就是「同性愛」。胡秋原強調「同性愛」的「愛」字，他認為「『病態戀愛』這個名詞根本有點說不通；戀愛是無所謂『病』的，如果是病，那已經不是戀愛。我們有『病態性慾』，但沒有『變態戀愛』」。[71]因此，胡秋原嘗試更細緻區別，將正常的同性關係稱為「同性愛」，變態稱為「同性姦淫」或「同性交」。胡秋原把區別正常與變態之界線，劃分在是否有性行為。胡秋原以去性化的概念定義同性愛，使得同性愛偏向精神之愛，這和日本對中性論的解釋是一致的。卻也反映就算胡秋原再肯定同性愛，但他仍無法挑戰或想像，異性戀規範之外的性慾可能。

如此一來，同性愛與友情的界線變得模糊。因此，胡秋原更詳細地界定親密互動的尺度，定義合宜與不合宜的同性關係，他認為：「同性的親暱，某種程度肉體的表現如接吻擁抱，原是尋常而合理的，淡出了這限度而流於放蕩的邪路上，愛神早已遠遁。」[72]也就是說，胡秋原並沒有完全否定同性愛的肉體互動關係，但設下條件，例如不可超出接吻與擁抱的肉體關係。這些超出他認為合理行為之外的同性關係，胡秋原認為不能用「愛」或是「戀愛」描述，而是「同性姦淫」或「同性交」了。換言之，正當的性行為，只能是異性戀的、有生育目的的。

---

[71] 胡秋原，〈同性愛的研究〉，頁77。
[72] 胡秋原，〈同性愛的研究〉，頁201。

胡秋原界定的同性愛,是精神之愛,這一點完全與加本特的《中性論》不符,加本特定義的中性之人擁有性慾的,同性間的性行為是正常而非病態。因此,胡秋原定義的同性愛,更偏向是一種更深刻的友情關係,如他所言「其實所謂的同性愛者,我們應該看作一種浪漫的友誼——而人類將來男女關係也應該建立於友誼基礎上。」[73] 這一種「去慾望化」同性關係,發展出另一個詞彙「同志」。學者許維賢在爬梳「同志」一詞,發現由於受到西方社會主義影響,去慾望化的「友愛」的男性關係和共同打造理想中的國族社會結合。[74] 身為左派支持者的胡秋原,他將「同性愛」投射於理想的社會關係——更類似於「同胞愛」的男性關係上,因此他認為「Uranians者,可以說是未來人類的嚮導」,因為他們沒有肉體之愛,都是精神之愛,是一種大愛。[75]

仍需注意,胡秋原沒有將同性愛與友情完全畫上等號,他仍是以戀愛關係理解同性愛。最為鮮明之處,胡秋原在結論分享了校園生活,「一位同學和另外一位年歲相當而美貌的同學發生戀愛,這個同學無論是在品行天才學問容貌體格上,都是極其優秀而健全,並且是學校的高材生。」[76] 這兩人相戀三年,在學問思想上彼此精進,但是因為距離之故,兩人情感無以為繼,於是失

---

[73] 胡秋原,〈同性愛的研究〉,頁218。

[74] 許維賢,《從艷史到性史:同性書寫與近現代中國的男性建構》(桃園:國立中央大學出版中心,2015),頁23-25。

[75] 胡秋原,〈同性愛的研究〉,頁192。

[76] 胡秋原,〈同性愛的研究〉,頁220。

戀後一方憂傷過度而死。對此胡秋原承認這是一種愛情,並認為不可付之一笑,而是需要引導學生的同性愛:

> 我們如果承認這種愛情是有發揮偉大的可能,我們固然應
> 該加以慎重的保護與指導;而就是看見這事實在學校中有
> 些不甚光明的狀態,當也感到不是置之不問所能了事,也
> 不是橫加壓迫所能奏效,而不可不加以研究而想出一個適
> 當的方法罷。[77]

因此,胡秋原對同性愛的解讀,是一種與異性戀愛情匹敵的情感,但內涵又有不同,是一種更濃烈的友情,但不可涉及性行為。所以胡秋原認為同性愛是一種需要被外界的指導的情感,被教育後才能不逾越界線,成為病態的同性交。

胡秋原把同性愛限定在精神之愛,並透過去性慾的定義為基礎,肯定加本特的同性戀去病化解釋,如認同「那屬於Urning性格或傾向的人,其同性愛的傾向,是十分本能的,先天的,而且心裡底和生理底纏繞著其個人生活,根深蒂固而不可解。」而他們的情感是就算結婚生子,也無法改變的,「支配他們終身愛情生活的」。[78]並反駁楊憂天試圖以「男女合校」與「步入異性戀婚姻」,作為預防與治療同性戀的手段。

---

[77] 胡秋原,〈同性愛的研究〉,頁220。
[78] 胡秋原,〈同性愛的研究〉,頁81。

觀察去病化與疾病化，兩派論述的差異，反映對於未來世界之藍圖。認同疾病化論述，如楊憂天與潘光旦，皆有強烈的民族主義思想，在強國保種的意識形態下，其理想是一男一女、一夫一妻的性別秩序和家庭結構。去病化派的胡秋原，其世界觀是無產階級與資本階級的鬥爭，兩性鬥爭需要透過具有調節兩性的中性人，領導人類走向彼此互愛不分性別的理想社會，因此認可同性愛的價值。但是，胡秋原的理解仍有限制，所以他將同性愛去慾望化，並限定是一種精神之愛，這反映在中國的異性戀規範的核心，是性行為與生育，這是難以挑戰的範疇。

在兩人的論戰中，胡秋原提出另一種同性愛的觀點，沒有否認楊憂天和潘光旦的部分批評，他也同樣反對具有性慾的同性關係。雖然胡秋原與加本特在對同性愛定義的內涵稍有不同，但是依然可發現，中性論提供了同性戀的存在一點空間，讓此行為可以被解釋成高尚、自然的精神之愛。但是，這種具有去性慾化的論述，也使得同性戀去病化的過程受到阻礙。

小結

本章試圖從中國的出版社、譯者和讀者三面向，討論加本特的去病化同性戀論述，在中國發展的困境和可能性。首先，在中國的同性戀的相關知識，尚未普及也並被視為一種人格特質或自我認同。因此，和歐美地區相比，加本特的著作在引入中國時，

忽略了加本特的同性戀者身分。出於中國的出版市場需求，出版社與周作人皆將他的作品，放在異性戀的「自由戀愛」的脈絡下推廣。雖然此引介方式，不利於宣傳去病化同性戀，但是男女兩性和戀愛議題，促使加本特的著作流傳，讓中性論有機會被讀者閱讀。

　　中性論有機會傳遞於中國，也仰賴譯者的翻譯策略。比對原典和中國三種版本的《愛的成年》，三位譯者對中性論關鍵詞Urning有不同的翻譯方式，如：同性戀愛／同性愛、中性，與直接使用原文Urning。這三種翻譯。譯者每次修正都越來越接近加本特的中性論，但是最廣受譯者和讀者所理解的，還是同性愛或是同性戀愛。表面上，這似乎更直接淨化同性戀的負面定義，然而同性愛一詞，已經有疾病化的涵義在，如同胡秋原所觀察「在人們一聽到「同性愛」這個名詞即投以鄙夷，賤視，譏笑的眼光」。[79]簡言之，加本特對同性戀去病化的術語策略，無法在中國實踐。

　　在讀者方面，同性愛一詞的定義，因為中性論的加入，提供新的可能和界定方式，於是引起了楊憂天與胡秋原的同性愛論戰。此論戰反映中性論打開了一點同性戀去病化的空間，但從胡秋原以去性慾化的同性戀才視為正常，反映中國異性戀規範，異性間的性行為和生育，是最不可挑戰的核心。又，因為女性承擔

---

[79] 胡秋原，〈同性愛的研究〉，頁50。

了國家與宗族的延續，婚內的性行為和生育，所以楊憂天更焦慮女性的同性戀問題，胡秋原在描述對同性戀的肯定，也只有以男同性戀為舉例。因此，在中國的中性論並沒有發展成日本的模式，成為支持女性獨身、肯定女性同性情誼的思想資源。

整體而言，中性論在中國的譯介過程，並沒有出現一股足以顛覆疾病化論述的浪潮，也難以挑戰異性戀規範，尤其在性行為與生育。這正反映疾病化論述，特別針對女性與女同性戀是為了控制女體和生育能力。然而，中性論仍豐富同性戀論述的內容，和提供了些微的空間，讓同性戀得以被視為是健全的精神之愛。

第四章
同性戀概念之女性化傾向：
從陶劉慘案到《性心理學》譯註

　　前面兩章已提及1920年代的同性戀論述狀況，至少具有兩種正反立場論述。但對於大眾而言，男同性戀或女同性戀都不算一個普及的知識。直到1920年代末和1930年代，同性戀愛主題的文章日漸增加，疾病化的論述也成為主流，大眾才普遍認識同性戀此一概念。但是在疾病化論述固定成為社會共識之前，仍有一段曲折的過程，可區分為兩種時期：一是女學生個人經驗與同性戀愛知識的落差；二是在同性戀愛在成因、特性與治療等面向不同的論點，陸續豐富起來，也壓抑了女學生的聲音。

　　兩個時期的分水嶺是1932年一件震驚全國的社會事件，陶思瑾與劉夢瑩的同性愛命案，轉折了女學生對自我經驗的敘述模式，也讓疾病化論述得以廣傳深化。由於命案是真實的社會事件，因此讓大眾深刻體認到同性愛是真切存在，如有人說：「以前對於同性戀愛一說，僅認為和騰雲駕霧的劍仙一般都是小說家筆下的空談。自從杭州陶思瑾劉夢瑩兩女士同性戀愛血案發生

後，我才知道同性愛確有其事。」[1]事件帶動接下來幾年，中國社會對同性愛論述的熱議，並且時人將「同性愛」連結「女性與命案」，讓女同性戀被成為的嚴重社會問題。在此背景下，知識分子為了解決問題，開始研究各類同性愛的科學理論，這讓相關知識也更加普及。在眾多去病化論述競爭下，最後由潘光旦翻譯哈夫洛克・靄理士（Havelock Ellis, 1859-1939）的性學理論，成為解釋同性論的權威論述。

本章將討論疾病化論述逐漸穩固成主流的過程，反映知識分子已經成功重建異性戀規範以限制新女性的情感和情慾。本章先從分析陶劉慘案事件前後的論述變化，以此為基礎探討疾病化論述穩固成主流的過程。最後，分析多元疾病化論述競爭下，社會為何逐漸以靄理士的性學理論，作為解釋同性戀的權威。

一、友情還是愛情？陶劉慘案前後的女性同性情誼變化

二十世紀初，中國女子教育迅速發展，但在新舊價值交替下，社會對女性就學的擔憂也隨之而起，提倡新式女學與指責女學生的聲音交替出現。其中，批判女性最大的聲音是擔憂女性受

---

[1] 陳珍玲、任培初，〈婦女：同性愛之不良結果〉，《玲瓏》，第2卷第56期（1932年），頁247。

教育後，會不願步入婚姻以承擔母職。[2]對此，說服新女性步入婚姻與母職的論述需要更新，於是新知識分子以科學為名，展開對女學生身體與心理層面的規訓，企圖用理性與真實作為提倡婚姻優點的證據。

本書第二章曾提及潘光旦運用精神分析學為依據，規訓女學生的婚姻選擇。例如1919年起社會呼籲男女同校之聲浪出現，若從男校與男學生的角度檢視，可發現論述背後是男性渴望社交空間，以達成自由戀愛的婚姻。像是潘光旦便將男性的求偶焦慮投射於女校單一性別環境，認為女學生容易有性心理疾病，如同性戀。但，這只是單方面男性經驗所得出的看法，以下將討論女學生所定義同性間的親密關係，並比較1932年陶劉慘案前後的變化。

（一）女校同性情誼：拉朋友與同性愛

1925年《婦女雜誌》特別開闢「女學生專號」，該專號有一專欄為「女學生時代的回憶」。其中提及女校生活的特殊文化：「拉朋友」或稱「拖朋友」，兩個詞彙皆是特別指稱親密的女性好友。透過匿名女學生SY解釋，可知「拉朋友」是指「那便是把兩個素來疏遠的同學撮合在一起，使他倆互相愛好」。[3]「拉朋友」風氣十分普遍，不只發生在SY的學校。

2　張素玲，《女大學生與中國現代教育》（上海：華東師範大學教育所博士論文，2004），頁37。

3　SY，〈一年前的生活〉，《婦女雜誌》，11卷06期女學生號（1925年6月），頁943。

這類型的朋友建交，還配合精細的儀式。例如將兩位女同學拉在一起，不是隨便誰都可以「拉」，「拉」的對象是有先經由專人特別篩選過，這類拉朋友專家會在新同學剛入校時先「看看誰漂亮，誰時髦，誰的功課好，誰愛看電影，……然後決定誰和誰做朋友合適。最後便施拉的手段，硬將兩個不相識的同學拉在一起。」、「白天拉過的，晚上拉她們在一個床舖上睡覺。」[4]兩位同學拉成功之後，「即須請介紹人吃糖」、[5]或是向班上同學請客，像是喜宴一般。[6]最後，把彼此視為此生最好的朋友，如：

> 如果既然被拉人了朋友之後，便不應再去和別人要好，自
> 然泛泛之交，不在此例。要是你遺棄原來的朋友，又去和
> 別人情熱，則最先那個朋友，定要如失戀那般悶悶不樂。
> 每當月色如水之夜，雖打過了睡鐘，同學多捨不得去睡，
> 會偷偷地跑下樓來，只見一對對的朋友，在濃蔭深處，喁
> 喁情話，這情真是難以描寫啊！[7]

　　從女學生的紀錄，可發現校園中女性間的情誼，並不只被視

4　星畏，〈女學校裏的「拉朋友」談〉，《大公報》「婦女與家庭」，1928年02月09日，第9版。

5　荷，〈河北女師學院師中部學生生活訪問記（續）〉，《大公報》「婦女與家庭」，1933年12月17日，第11版。

6　韓康玲，〈拉朋友〉，《上海智仁勇女校廿二年級級刊》（1911年），頁103。

7　競成，〈女學校雜寫：拉朋友〉，《玲瓏》，第5卷第23期，（1935年），頁1469。

為友情，其中感受到濃烈的程度，也以擬愛情的方式被理解。女學生對「拉朋友」的看法分兩種：一種持肯定態度，認同「拉朋友」確實可以幫助交到不錯的朋友，有人便說「有時那兩人竟會弄假成真，十分投合的！我想或許像舊式婚姻一樣，他們中間也有感情非常濃厚的」。[8]另一種，則是批評拉朋友帶來人際上的麻煩，認為這種強硬的方式，反而破壞朋友感情，例如：「平時兩位常在一塊玩耍的人，一經過『拉』，反倒變得很不自然，甚或不常在一塊玩耍了。」[9]

　　女學生對於自己校園的特殊文化：「拉朋友」，被理解成一種交友方式。但，其交往的儀式、對朋友情感的形容，皆以擬婚姻和愛情作為譬喻，或更直接將「拉朋友」等同於「同性愛人」，或是學生將「拉朋友」稱呼為「lover」。[10]女學生逐漸把「拉朋友」與「同性愛」畫上等號，在描述女性間的情感時，也以愛情理解，並解釋同性間所產生的愉悅情緒和痛苦，不輸於男女間擁有的愛情。[11]

　　更為積極的，有女學生認為女性間的感情，位階更高於男女之情，推崇與歌頌女性間情感，理由是認為「男子的愛，有恆心很少，多半等他達到了他的目的，和慾望後，他就要捨舊而取

---

[8]　SY，〈一年前的生活〉，頁944。

[9]　〈拉朋友談〉，《大公報》「婦女與家庭」，1928年02月23日，第9版。

[10]　韓康玲，〈拉朋友〉，頁103。

[11]　星畏，〈女學校裏的「拉朋友」談〉，《大公報》「婦女與家庭」，1928年02月09日，第9版。

新，使得那被愛的女子感覺十二分難受傷心和失望。」[12]但是女性則不然，「女子的愛堅固耐久的居多，假使她愛上一個人，一定很專一的愛下去，不會中阻的。」出於以上理由，作者的結論是「女子同性愛逾過異性愛」。[13]這可看出，女性對女性間的情感看法，也是女性認同女性情誼，肯定女性之間的結盟。女學生在面對同性愛時並不遮掩，甚至十分坦蕩的描述事實。在〈一個同性愛的失戀者〉一文，作者甚至附上故事中失戀者的照片，毫不隱瞞自身是同性戀者。文章內也附上了失戀者當年給對方的情書，十分直接表達愛意，例如：「我除了你，全校中再找不出第二個給我愛戀的！唯有你。」[14]

　　女校文化內的同性愛甚至延伸至出社會之後。例如中華女子商業專校畢業的兩位女學生，陳建晨與黃亞中畢業後一起到了中華女子儲蓄商業營行工作，出於婚姻會妨礙事業發展，而兩人選擇「營謀共同生活」。對於此選擇，她們並不遮掩，甚至寫信給記者，推廣女性間的同性愛：

> 我們現在極力的研究『同性愛』的問題，因為還沒有得到及圓滿的結果，所以上不敢居然的發表。如果你們欲熱心研究，就請你們速覆一信；我們可以把一切的事實，詳細

---

[12] 陳珍玲、卓意靜，〈婦女：同性愛逾過異性愛〉，《玲瓏》，第1卷第47期（1932年），頁1895。
[13] 陳珍玲、卓意靜，〈婦女：同性愛逾過異性愛〉，頁1895。
[14] 郭佳玲，〈一個同性愛的失戀者〉，《真美善》，女作家號（1929年），頁3。

報告給你們，以顯真相。以後如果研究得到真正的理由，而實行營謀『共同生活』的時候；定當詳細報告，希望你們替我們廣為宣傳此種主義！[15]

可發現女學生所定義的「同性愛」，並不限定於暫時的戀愛，或是強烈的友情關係，也包括作為一種可實踐的生活方式。讓女性能夠以女性為中心互相扶持，抵抗異性戀婚姻對女性的剝削和壓迫。整體而言，女學生在面對同學之間的親密關係，抱持包容和肯定的態度，甚至可以延伸為取代婚姻的合作關係。女學生由女性經驗所提倡的同性愛主義，破壞異性戀規範所預設的女性生涯。

但是陳建晨與黃亞中，收到的回饋是來自性科學的質疑，記者如此回應：

『同性愛』是一種不自然的性愛，所以稱為『性的顛倒。』因為他的常見，也就早引起學者的注意了。同性愛和友愛不同，比他更親密，然和性愛也不同，在女子間，往往沒有肉體的關係。……

陳黃的事情，照我們觀察起來也不過是少女的一種普通的短期的同性愛，到了有異性愛的時候，照樣會得轉移

---

[15] 陳建晨、黃亞中，〈主張與批評：同性愛和婚姻問題〉，《婦女雜誌》，第11卷第5期（1925年5月），頁727。

的，那時候性的倒置便順行了。[16]

　　從兩方信件往返，可以發現兩方對同性戀的認知落差。記者明顯質疑女性間的愛情之存在，透過科學權威貶低陳黃二人的選擇和感受，並批評兩位女性「營謀共同生活」的擬伴侶關係，只是因為心理不成熟，觸發短期的異常心理現象而已。可發現，疾病化的同性戀論述，在此時已逐漸成為否定女性間情感或是結盟的武器。

　　觀察女校文化，可發現疾病化論述尚未取代女性經驗的直接感受。從「拉朋友」的親密關係，到女性彼此扶持生活的夥伴關係。女學生對「同性愛」的解釋來自生活經驗和對朋友的觀察，並未援引其他理論，但此論述方式已挑戰異性戀規範對女性的限制。然而，由於女性對同性愛論述，只是出於經驗，沒有更具有權威性的理論支撐，因此，她們所提出的情感和生活方式，一旦與外界交會，便引起自外界的批評。只是，此時疾病化論述未成氣候，不足以影響女學生對同性親密關係的態度。女性開始否定自我的同性關係經驗，引起對自我心理健康的質疑，一直要到1932年以後，才有一個明顯的轉折。

---

[16] 慨士，〈主張與批評：同性愛和婚姻問題〉，《婦女雜誌》，第11卷第5期（1925年5月），頁728-729。

（二）轉捩點：1932年陶劉慘案

　　1932年發生一起社會案件：陶劉慘案，改變了社會大眾對於同性愛的認知。1932年杭州，作家許欽文（1897-1984）家中發生一起兇殺案，兇手為陶思瑾，被害人為劉夢瑩。陶思瑾與劉夢瑩是浙江藝術專科學校的女學生，兩人日久生情成為戀人關係，並對彼此發誓不婚。但之後陶思瑾與繪圖系女老師劉文如逐漸親近，劉夢瑩屢屢囑咐陶思瑾與劉文如絕交，並以殺害劉文如與陶思瑾作為恐嚇，使陶劉兩人感情亦日漸疏遠。最終在1932年2月11日陶思瑾與劉夢瑩在許欽文住處發生激烈爭執，陶思瑾因憤而砍殺劉夢瑩，最終陶思瑾被判無期徒刑。

　　陶劉慘案受到全國關注，除了新聞持續報導外，之後該事件還被改編為戲劇，陸續多家戲院上映；事件相關人屋主許欽文，也趁機寫改編小說《陶思瑾與劉夢瑩》出版。此事件引起讀者的獵奇心態，作家琦君回憶在杭州弘道女中讀書時，該事件的轟動程度是「慘案一發生，杭州全市居民，街頭巷尾無一不聊此為話題，紛紛議論，大小各報天沒亮就被搶購一空。」[17]以上種種，可見該事件推進社會對同性愛的關注與理解。

　　該事件各大小報紙皆有報導，最完整的報導是《大公報》，該報除了收錄完整的法院判書，甚至持續追蹤後續，直到1939年陶思瑾出獄並結婚為止才停止報導。以下透過《大公報》為中

17　琦君，〈友情與愛情——一件慘案的追憶〉，收入《媽媽銀行》（臺北：九歌出版社，1992），頁155。

心，理解陶劉慘案被社會關注之面向。關注面向可分為兩種：一是陶思瑾與劉夢瑩的情感關係；二是陶思瑾的精神狀態。以下分而述之。

陶劉慘案之所以轟動全國，一方面是出於1930年代之前新聞的色情元素開始出現，報刊中獵奇性質報導逐漸增加，陶劉的同性戀愛關係和命案，正好符合媒體的市場需求。[18]另一方面，法官為釐清作案動機，需要陶、劉和許三人的人際關係。讓此事件的焦點被推向同性愛而非命案本身，譬如：「外傳劉陶是同性戀愛、惟近劉又有男性戀人、似為情妒慘殺、」[19]後發現「被告陶思瑾犯罪事實與已死劉夢瑩、係國立藝術專門學校同學、因均係女生、並久同宿舍、於二年前彼此情好甚篤、當發生並立有盟約、同性戀愛各不與男人結婚、以保持永久愛情。」[20]最後，法官以劉夢瑩巨冊日記的內容，以證明陶劉兩人的感情關係。

法官所援引日記作為證據，之後劉夢瑩的日記內容便被報紙公開引述：

十二日二十八日載，今晚上我是感到怎樣的快活啊！思瑾對我是輕輕的呢喃著，她說她是很愛我，說她已屬於我的

---

[18] 李世鵬，〈公眾輿論中的情感和性別──陶思瑾案與民國女性同性愛話語〉，《婦女研究論叢》第5期（2017年9月），頁63。

[19] 〈杭州二女生自殺奇案案〉，《大公報》，1932年02月20日，第5版。

[20] 〈西子湖邊劉夢瑩案真相地法院偵查之犯罪事實〉，《大公報》，1932年03月29日，第5版。

了，她是再不去愛別人了，她說她是不會去和一個男人結婚的，她說她以後對於一切人，都是在靈感上的愛她的肉體，已經屬於我的了我放心她，她始終是我的了啊！這一切話，使我的心坎中，感到無限的興奮呀！她是真的屬於我了嗎？我們是已經訂著了條約，我倆是永遠不與男子去結婚的，我們預備新年去買二個的戒指，表示我們的條約，是我們已經訂婚的紀念呀！我是多麼的高興呀！我們的同性愛，是多麼的偉大與聖潔呀！[21]

法官引述的日記內容段落，是佐證此案是情殺的關鍵證據。有些內容雖然因為太過於「穢褻」而被法官選擇從略，但是法官和大眾而言，兩方有締結伴侶的誓言與行為，便可以做為同性愛的證據。此外，「彼此不婚的諾言」不管是在判決書，還是新聞報導都多次被強調，成為證明女性間同性愛關係的關鍵因素。

　　隨著案情發展到二審判決，社會關注隨著法官轉為對「陶思瑾精神狀態」的釐清。二審時，檢察官韋西芬提出上訴，讓陶思瑾再次被判為死刑，於是陶思瑾的律師汪紹功「請求對陶精神加以鑑定」作為應對。[22] 又，加上陶思瑾回答法官為何刀傷有四十餘處時，她提及「當時自己神經錯亂」。[23] 於是陶思瑾的精神狀

---

[21]　〈陶思瑾殺人案判決書〉，《大公報》，1932年06月01日，第4版。

[22]　〈陶劉案及控許案審判詳紀〉，《大公報》，1932年04月29日，第5版。

[23]　〈劉夢瑩案辯論終結〉，《大公報》，1932年05月15日，第5版。

況，成為判決是否死刑的關鍵。然而由於法院無精神鑑定技術，所以無法確定是否有精神疾病，最後是法官判「陶思瑾並非預謀殺人，乃一時情感衝動，減輕三分之一處無期徒刑，褫奪公權無期。」[24]

雖然法官沒有將疾病化的同性愛納入判決，但社會大眾則開始將同性愛和精神狀況連結，認定同性愛是具有危險性的精神疾病。之後社會輿論出現許多誇大的聯想，例如認為同性愛者會有：暴力衝動，如「發生此類之症象同性同受其神經必衰弱，易起殺念。因此而殺人固屬不可，而豫（預）防之法亦不能大家研究矣」。[25]或是認為同性愛還會引起生理不適，像是「發生神經衰弱、窒道麻痺、指腸出血、子宮破裂、頭痛、頭暈、雙目失明、四肢寒冷、萎黃病、肝火、黃膽病，不上三年便要香消玉殞」，等等症狀。[26]

情殺案因為大眾媒體傳播，於是讓「世人以為同性愛之畸形現象，引起研討之興味，社會繪聲繪色，報紙大登特登」。[27]事件後同性愛的概念也因為情殺之故，使得大眾對同性愛的印象極為負面，於是有各類誇大的輿論大量出現。同性戀論述在經過陶劉慘案後，有兩種明顯的改變。一是女學生改變對女同性間的親

---

[24] 〈劉夢瑩判決案〉，《大公報》，1932年05月21日，第5版。

[25] 沈孝祥，〈同性慘殺案陶思瑾處死刑探討〉，《實業界專刊》，第3期（1932年），頁17、19。

[26] 陳珍玲、任培初，〈婦女：同性愛之不良結果〉，頁247。

[27] 〈陶思瑾案難邀寬典〉，《申報》，1932年10月01日，第8版。

密關係的看法。二是社會大眾在認知同性愛是只有女性才會得的疾病。

　　陶劉慘案後，同性愛被視為具有危險的心理疾病，此印象深深烙印在社會大眾腦中，使得大眾重新看待與理解同性愛。此聲浪之大，改變女學生解釋同情情誼，不再以自我感受和女校經驗為主，而是配合科學權威論述批判女性親密關係。例如女校學生所討論的拉朋友與同性愛過去不大有負面評價，在經過1932年以後，拉朋友開始被視為精神疾病，因此開始被批評，如：

> 知道所謂拉朋友，即是同性戀愛的變相，這種風氣聽說在廣東很盛行，什麼十姊妹黨便是。我當說：女子們感情豐富，神經質的多，拉朋友不也是玩弄感情的一種？不過，總覺其有些畸形而已。[28]

　　為了避免誤會，女學生不再書寫女性親密關係的校園故事。反而是越來越多是外界對女校的報導，尤其針對女性間的親密關係，像是《北平週報》的「學校新聞」專欄。女校原先習慣使用的詞彙「拉朋友」，也被「同性愛」取代，例如：〈北師：CD同性愛〉、〈法大：同性愛〉、〈通縣女師：同性愛〉。此現象，展現女學生無法掌握對女性情誼的解釋權。

---

[28] 妙神，〈拉朋友〉，《申報》，1935年06月04日，第11版。

面對外界的密監控與窺探，女學生十分不滿，認為女性間的關係成為他人的笑料，「當男人們以『女子』的事作為茶餘酒後的消化劑時，關於女學生身上，我們責不忍再道隻字」。[29]然而，女學生的反擊十分微小，多數女學生避免外界批評只能配合外界的解釋，再再澄清自己不是同性愛。不再如過去般，歌頌同性愛的美好，或是將同性愛視為一種女性可選擇的生活方式。

再者，由於陶劉慘案事件當事人皆是女性，因此大眾的認知逐漸將同性愛與女性緊密連結。像是認為「女子大率心理的組織不甚健全，或者神經的構造有點反常：這些都是心理學和神經學的問題。自陶劉案發生後，論者已研之甚詳」。[30]「女子大率心理的組織不甚健全，或者神經的構造有點反常：這些都是心理學和神經學的問題。自陶劉案發生後，論者已研之甚詳」。[31]

社會又因為慘案，更加關注女校的同性愛問題，高度檢視女性間的同性情誼，這都促成更多類似報導，於是又加深大眾對同性愛是一種女性疾病的連結。或是因為慘案太過具體，使得後人在解釋同性愛時，也是提及歷史的女同性戀，像是希臘羅馬時代的女文學家莎芙渥、中世紀的尼院、現代的女學校、以及陶劉慘

---

[29] 碧遙，〈談女學生──為燕大女生控袁市長事有感〉，《申報》，1934年05月13日，第20版。

[30] 金仲華、黃華節，〈婦女與家庭欄：人類學家所見同性愛的原因〉，《東方雜誌》，第30卷第21期（1933年），頁15。

[31] 金仲華、黃華節，〈婦女與家庭欄：人類學家所見同性愛的原因〉，《東方雜誌》，第30卷第21期（1933年），頁15。

案等等。[32]

　　最後，由於陶劉慘案此具體事件，使得女同性戀被普遍認識，並被認知成為一種好發在女性身上的性心理疾病。也因為事件之故，科學論述的普及，女學生不再擁有對女性情誼的話語權。社會大眾更嚴格審查女性心理狀態，並侵入女性私領域，窺探內心情感世界，以確保女性可以發展成走入婚姻的異性戀。

二、權威競爭再起：變態心理學與同性戀成因之爭

　　根據統計，1927年與1933至1936年之間各有一次性問題討論的高峰。[33]第一次高峰便是張競生出版《性史》所掀起的爭議，1926年張競生模仿英國性心理學者靄理士的研究方法，並和北大風俗調查委員會合作，在報紙刊登廣告徵集稿件材料：「懇求世人供給我們如此集登的普通性材料外，並且特別地提供給我們一些專件：如手淫、男色、同性愛、獸交及各種變態的事情」。[34]最後集結成《性史》一書。但是，張競生的性學研究沒有引起其他學者加入研究，反而是被其他知識分子批評缺乏道德感，也

---

[32] 友白，〈關於同性愛〉，《申報》，1934年11月4日，第19版。

[33] 葉秋妍，〈民國時期對於性與性教育問題的探討（1920-1937）〉（桃園：中央大學歷史所碩士論文，2013），頁64-71。

[34] 張競生，《性史》（臺北：大辣出版社，2005），頁146。

不符合科學。[35]這波性論述風潮主要關注性研究的界定，並未納入同性愛。第二次風潮，是便是陶劉慘案。1932年陶劉慘案爆發後，促使許多同性愛相關報導、性科學知識的科普文章大量出現。以下將深入分析陶劉慘案後，對同性愛相關的知識體系的擴大與變化。

（一）陶劉慘案與心理學之發展

陶劉慘案發生後，讀者們開始尋求科學對於案件的解讀。有人向潘光旦求教，寄信人強調慘案的研究價值：「此種同性戀愛的行為與少女反常的心理狀態，確是值得變態心理學者的注意與研究的一件事。」[36]潘光旦從心理學角度回應，他分析慘劇的發生，可從心理變態再往下細分二種層次：「一是同性愛的部分，一是陶的心理和行為」。[37]

此時，潘光旦不同於過去分析馮小青和女校學生，強調單一性別環境的影響才會成為同性戀，而是說「陶、劉的同性愛，和因戀愛而引起的強烈妒意，都是事實。但是同性戀愛不盡屬一類，有出乎天性的，也有出乎不很自然的環境。陶、劉的究竟屬於哪一類，第三者觀察難周，無從斷定」。[38]潘光旦會有此轉

---

[35] Howard Chiang, "Epistemic Modernity and the Emergence of Homosexuality in China," pp. 634-366.
[36] 光旦，〈陶劉妒殺案的心理背景〉，《華年》，第1卷第1期（1933年），頁4。
[37] 光旦，〈陶劉妒殺案的心理背景〉，《華年》，第1卷第1期（1933年），頁4。
[38] 光旦，〈陶劉妒殺案的心理背景〉，《華年》，第1卷第1期（1933年），頁4。

折，可能是因為陶劉二人所在的藝專為男女同校，他無法再以同性空間容易造成同性戀，作為解釋了。

過去知識不足以解釋現狀後，便促使知識分子需要更多的研究。因此，隨後潘光旦又在續寫一篇文章，從社會責任的角度討論陶劉慘案給予的啟示，向社會宣傳要對性科學更加重視，潘光旦的建議有三方向：第一是精神病學專家的缺乏。當陶思瑾辯護律師提出精神鑑定的需求時，中國社會並無適當人選。因此，潘光旦認為社會需要的培育精神病專家，處理「變態心理」，才能降低社會的自殺率和殺人率。第二是精神病療養院亟宜組織。潘光旦認為監獄根本無法保證陶思瑾出獄之後，她能夠不再發生同性愛，她真正需要的是治療。[39]第三點學校的心理衛生教育。在過去潘光旦認為只要男女同校便可以預防同性愛，陶劉慘案駁斥了此論點。因此，潘光旦站在預防的立場，他建議學校改革訓育監督學生發展。[40]

這之後社會回應潘光旦的呼籲，一是變態心理學書籍逐漸增加出版。最早的變態心理學專書，1928年所寫的《變態心理學ABC》，作者是復旦大學的文科畢業生黃維榮所寫，該書之後成為中學與大學生的通俗心理學教科書。行為主義心理學派的代表郭任遠對該書的評價是「行為主義的變態心理學在歐美只有

---

[39] 光旦，〈陶劉妒殺案的社會責任〉，《華年》，第1卷第2期（1933年），頁25-265。
[40] 光旦，〈陶劉妒殺案的社會責任〉，《華年》，第1卷第2期（1933年），頁26。

Meyer一書，在中國，黃君的就是第一本，也可說是關於變態心理學的著作的第一本。雖然其中有些小疵，可是牠的時間上的價值是不可磨滅的」。[41]雖然這本具有代表性，但此時內容所提及的十五項變態行為，並無討論到「同性愛」。

　　直到1932年後，心理學界才開始重視同性愛，並納入變態心理學討論的範疇。第一例是中央大學心理系學生曹仞千，倡議著重變態心理學與性教育的關係，其中提到四種性的變態，同性愛便是首要討論項目，篇幅比例最高。[42]第二例是中央大學心理系的蕭孝嶸，受中正書局邀請，在1934年寫了給大學生作為教科書的《變態心理學》。比較起《變態心理學ABC》，該書新添病態愛情一類。蕭孝嶸認為「病態的愛情之表現不一而足，我們所欲討論之事實僅以同性愛（homosexuality）為限」。因此，變態愛情只有同性愛作為討論主題。[43]第三例是1936年心理學家高覺敷，他編譯佛洛伊德的《精神分析引論新編》。書中一章是婦女心理學，詳細介紹女性成為女同性愛者的因由。[44]同樣對照事件爆發前的相關書籍，1929年張東蓀在編寫《精神分析學ABC》，便特別提到他認為佛洛伊德有些內容太過穢褻，所以選擇不引介關於「性本能」的內容。

---

[41] 郭任遠，〈序〉，收入黃維榮，《變態心理學ABC》（上海：世界書局，1928），無頁碼。

[42] 曹仞千，〈變態心理學在教育上的價值〉《中華教育界》，第19卷第7期（1932年），頁29-41。

[43] 蕭孝嶸，《變態心理學》（南京：正中書局，1934），頁200。

[44] 高覺敷，《精神分析引論新編》（上海：商務印書館，1936），頁98。

這些新出版案例，可見1932年的陶劉慘案後，引起學界注意到同性愛問題，比較願意以科學和知識的角度研究。其中又可發現，同性愛比起其他性變態，更加被關注。學界一直試圖與性保持距離，唯獨同性愛議題被重視，可見陶劉慘案是確實引起社會對同性愛知識的關注，帶動此知識普及。

　　潘光旦對社會建議的第二個影響層面：對青年心理發展的管控。第一例，廈門大學心理學會出版的《心理論文集》，收錄一篇〈青年期「兩性」心理〉。該篇文章義同性愛是「同性戀愛是指同性間互起戀愛情緒漸至同性間起了變態的性交行為的」。[45] 論者雖認為男女皆在十五歲左右，最容易發生同性愛，但論者舉廣東的姐妹會為例，認為「此風俗在該處不但是半公開的，且幾成為有組織的行為！此亦女性間同性愛特多的明燈！」[46] 此研究也反映，不只社會大眾監控女學生的程度變高，學界也以研究試圖佐證同性愛尤其好發在女性身上。

　　對此，該篇論者為了學校教育者，可以有效監控監控學生，列出九項同性愛的徵兆，幫助教育者能夠適時訓導。例如：

　　1. 書信的交換非常的多甚至執有種種狡猾祕密的手段；
　　2. 常聚會談話，甚至牽手接吻，惟不擁抱；

---

[45] 王貞祥，〈青年期「兩性」心理〉，收入《心理論文集》（廈門：廈門大學心理學會，1934），頁76。
[46] 王貞祥，〈青年期「兩性」心理〉，頁77。

3. 不牽手時，常起夢想；

4. 起強烈的嫉妒心，欲獨佔情人的愛；

5. 稱揚情人的性質於他人之前，欲冀他的讚許；

6. 無論書籍帳簿皆喜書情人的姓名；

7. 對於情人的性質才能不少有妒忌；

8. 互相保存交換的書信與照片為最緊要；

9. 互相不禁止營惡事。

同性間有發生上述一種，或是多種現象時，即為釀成同性
愛的預兆。吾人若能留心考察，相機指導，使他們或她們向
正常的途徑前進，定可破除同性間的變態性交事情發生。[47]

1942年，教育部訓育委員會主編，訓導叢書之一的《青年心
理與訓育》，更落實管理校園內同性戀愛。書中將同性愛放入需
要教師與父母關注的項目中，如：「青年在性的方面，萬一僅知
愛父母或愛同性，而不進展到愛異性的階段，他們的父母便須引
以為憂了」。[48]並建議教師，可透過精神分析知識，對同性愛學
生進行生活輔導。[49]

總體而言，可發現陶劉慘案之後，同性愛相關知識被納入變
態心理學，成為性變態一類最具代表的疾病。社會對此知識的

---

[47] 王貞祥，〈青年期「兩性」心理〉，頁78。

[48] 高覺敷編，《青年心理與訓育》（南京：正中書局，1942），頁106。

[49] 高覺敷編，《青年心理與訓育》，頁119。

好奇、教育界的需求，使得專家學者從避而不談到願意研究同
性愛。

（二）疾病化理論的共性與差異

西方的性慾現代性，其中一特徵是以心理學觀點理解性。在
過去，以「身體功能的失序」解讀各種性的異常，在加入心理學
知識後，則是以「本能的失序」，如生理與心理兩者交互作用，
心理情感不滿足等內在動因，會造成性的不正常行為。[50]以下將
對照西方的性慾現代性特色，觀察陶劉慘案發生後，心理學界回
應社會需求，提供更詳細的知識，如：同性戀的生成因素、特徵
與處理方式。

1.生成因素：

1930年代對同性戀行為的成因，可分為後天疾病與先天疾病
兩派。後天論：此派認為促發同性戀有三種可能的外部因素，第
一種是環境因素。像是潘光旦的「慾性之流」說，強調環境影
響，例如家庭和學校。這之後，蕭孝嶸更詳細為之命名，把因缺
乏異性環境而產生替代方案的人，稱之為「適應的同性愛（the
facultative homosexuality）」。[51]其他人也加入補充，提出同性愛除

---

[50] Harry Oosterhuis, "Sexual Modernity in the Works of Richard von Krafft-
Ebing and Albert Moll." *Medical History* 56.2, 2012, pp.149-150

[51] 蕭孝嶸，《變態心理學》，頁201。

了男女不同學的學校、[52]軍隊、[53]佛寺或監獄，[54]都容易發生。第二種是性道德，該類認為性壓抑的社會風氣才會導致同性戀，例如對女性的貞操要求與強迫的禁慾等；[55]而這類的性壓抑風氣，被視為是現代的文明影響。[56]第三種，則是與性異性處的經驗，由於恐懼交際受挫而選擇改以愛同性之人。[57]

　　上述三種因素，類似於受達爾文影響的性心理學一流。達爾文主義提出「退化」理論，自然環境會促進動物透過遺傳進化，但是文明則是會增加心理的干擾，導致人類「退化」。[58]於是心理學也納入了退化一概念，中國心理學在此脈絡下，同樣質疑人類文明，因此要回歸「自然」，就需要取消環境對人類的壓迫，如單一性別環境、守貞的價值觀等等。

　　持天生論的學者，則是援引靄理士的理論。靄理士的理論認為同性戀是天生的，只是此同性間的性慾不常見而已，此外一切特質都與異性戀無異。因此，對於同性戀議題，靄理士不以疾病的角度看待，而是認為同性戀只是被當作是統計上的少數，少數

52　曹㐆干，〈變態心理學在教育上的價值〉，頁10。
53　金仲華、黃華節，〈婦女與家庭欄：人類學家所見同性愛的原因〉，頁17。
54　任白濤，〈性慾之顛倒〉，《青年界》，第6卷第1期（1934年），頁67。
55　金仲華、黃華節，〈婦女與家庭欄：人類學家所見同性愛的原因〉，頁17。
56　任白濤，〈性慾之顛倒〉，頁68。
57　曹㐆干，〈變態心理學在教育上的價值〉，頁10。
58　Harry Oosterhuis, *Stepchildren of Nature: Krafft-Ebing, Psychiatry, and the Making of Sexual Identify* (Chicago: University of Chicago Press, 2000), pp. 52-55.

並不代表不正常。[59]

面對不同的西方理論，蕭孝嶸援引屬於精神分析學派的阿德勒（Alfred Adler）反駁靄理士的解讀。蕭孝嶸強調同性愛生成的原因，是需要追溯過往的環境與經驗，此反駁了天生論中的遺傳之說。[60]蕭孝嶸評價靄理士其理論是「無普遍之價值」。[61]於是靄理士成為天生論的打擊對象。

然而此時中國並未詳細介紹或翻譯，任何靄理士的同性戀研究。事實上，靄理士對同性戀抱持寬容的態度，強烈主張同性戀行為是非自願無法抑制的行為，把同性戀視為是一種天生的變異──天生的性倒錯（sexual inversion）。同性戀就像是色盲一樣，雖然是一種「變態」但是屬於無害的心理問題。出於研究結果，靄理士加入爭取英國同性戀權益的陣營。[62]靄理士的天生論，可說是另一種去病化論述，比起加本特更加挑戰在中國的疾病化論述。

2.辨識特徵：

1920年代疾病化論，潘光旦在描述馮小青時，辨識同性愛是情感濃烈之程度。之後，討論陶劉慘案時，定義方式又開始

---

[59] Harry Oosterhuis, *Stepchildren of Nature: Krafft-Ebing, Psychiatry, and the Making of Sexual Identify*, p. 71.

[60] 蕭孝嶸，《變態心理學》，頁202。

[61] 蕭孝嶸，《變態心理學》，頁200。

[62] Jeffrey Weeks著，宋文偉、侯萍譯，《20世紀的性理論和性觀念》（南京：江蘇人民出版社，2002），頁43。

增加,除了感情是否深刻外,也以不婚作為佐證。到1930年代之後,同性愛者被認為具有異性的特徵,如「有些男子在體格上和性情上生來就帶有女性;也有些女子在體格上和性情上生來就帶有男性。這種人往往容易走到同性愛的路上去」。[63]像是男同性愛者,會認為他會做「女子裝或特別化粧來求悅他男者」,[64]或是「體格比較纖弱,鬚髯少,皮下脂肪多而筋肉的發育弱」。[65]女同性愛者則是「葛格筋肉的發育比較強,乳房小而骨盆狹,時而有鼻下和頤部生出粗毛的」。[66]

　　1930年代以「異性化」來辨識同性愛,可發現異性戀規範越來越具體,除了堅守性行為和生育,此時更強化兩性的氣質差異。同性愛的界定範疇,逐漸擴大,不管是成因或辨識的方法,都增添了新項目。

3.處理方式:

　　縱使同性愛的成因與辨識等項目日漸擴大,但是解決方式卻很少,與1920年代潘光旦所提議的方式並無太大差異。仍是老調重彈,像是改善男女區隔的環境條件、或是和健康的異性結婚,性向便可轉變。[67]

---

[63]　朱光潛編,《變態心理學》,頁129。
[64]　曹觀來,《青春生理談》(南京:正中書局,1936),頁76。
[65]　任白濤,〈性慾之顛倒〉,頁67。
[66]　任白濤,〈性慾之顛倒〉,頁67。
[67]　曹觀來,《青春生理談》,頁78。

整體看來陶劉慘案刺激學界逐漸增加對同性愛的解釋，定義逐漸擴大和細化，然而治療方面卻不積極。當同性愛此標籤越來越負面，只要是不符合異性戀規範所期待的特色，皆被納入同性愛的範疇。但治療方式卻非常簡單且形式，病患只要再度被納入異性戀規範，就可算是被治癒了。顯示，社會對於個體的心理狀態的重視，是出於維繫異性戀規範，若行為符合規範，則反映心理已得治癒。可見，心理學界的研究，並不只是追求知識，而是為了穩固異性戀規範，這使得心理學界一致質疑靄理士的天性論，卻未引介他的同性戀理論，進而展開學術辯論。

三、不存在的天生同性戀：
　　以潘光旦譯註《性心理學》為例

　　1920年代潘光旦援引精神分析學解釋同性戀，1930年代心理學界並不重視靄理士對同性戀的解釋。但是，在1930年代潘光旦給予靄理士極高評價，著手翻譯其作品。1933年，潘光旦在《中國評論週報》（The China Critic）發表〈人文主義者的靄理士〉，表達自己對靄理士的仰慕。1934年又特地選譯兩篇靄理士的作品：〈性的教育〉和〈性的道德〉。[68]此外，根據費孝通的回憶，在1933年至1935年間，就時常聽聞潘光旦想翻譯靄理士

68　潘光旦，〈譯序〉，收入哈夫洛夫·靄理士（Havelock Eliss）著、潘光旦譯，《性心理學》（臺北：左岸文化事業公司，2008），頁VII-VIII

的《性心理學》一書。[69]直到1939年，潘光旦才正式從手進行翻譯，直到1941年完工出版。隔年1942年又以該書理論為基礎，寫了〈中國文獻中的同性戀舉例〉，並收錄於中文版的《性心理學》。他所譯註靄理士的《性心理學》一書出版後，成為現今研究同性戀學者時常引用的著作。[70]

潘光旦在1920年代抱持的立場和理論，與靄理士可說截然不同，潘光旦是如何理解靄理士的天生論，中間轉化的過程需要被釐清。如學者許慧琦發現，由於潘光旦有海外留學經驗、專業學科訓練，讓他不易對西方的理論通盤接受，並且會試圖調和西方概念與中國文化。在此原則下，潘光旦一方面使用中國的經典、小說和軼事作為註解，幫助讀者理解靄理士的理論，另一方面則也透過註釋批評靄理士過於自由與個人主義的特色。[71]

透過前人研究，已知潘光旦雖然讚賞靄理士，卻非完全接納靄理士，而是採取調和的方式處理與靄理士不同的觀點。為了理解潘光旦的調和方式，本章將釐清潘光旦給予靄理士高度評價的社會環境，尤其是1930年代，專業的心理學者並不支持靄理士的理論。接著，再處理潘光旦使用靄理士的同性戀概念所進行的新研究。

---

[69] 費孝通，〈後記〉，收入哈夫洛夫·靄理士（Havelock Eliss）著、潘光旦譯，《性心理學》（臺北：左岸文化事業公司，2008），頁550。

[70] 黃四婷，〈潘光旦先生與同性戀研究〉，收入陳里、郭衛平、王慶仁主編，《潘光旦先生百年誕辰紀念文集》（北京：中央民族大學出版社，2000），頁330-331

[71] Rachel Hui-Chi Hsu, "The "Ellis Effect" : Translating Sexual Science in Republic China, 1911-1949," in Veronika Fuechtner, Douglas E. Haynes, and Ryan M. Jones, ed., *A Global History of Sexual Science, 1880-1960* (California: University of California Press, 2018), pp. 199-202.

（一）靄理士與性心理權威

　　學者姜學豪解釋潘光旦翻譯靄理士的動機，是因為他在性學領域上與張競生（1888-1970）之間的衝突與競爭。留法歸國的哲學博士張競生，曾任教北大哲學系。在1926年他模仿靄理士的研究方法，登報徵集讀者自述性經驗，將收集而來的風流韻事加入自己的評述後，編成《性史》一書出版。《性史》在一般讀者間非常暢銷，但是該書卻引起知識界撻伐與批評，學界認為張競生所傳遞的性科學是偽科學。[72]潘光旦也是批評張競生的其中一人，後續潘與張二人展開性學知識權威的爭奪戰。姜學豪觀察到他們兩人競奪話語權時，為了強化自己論述的權威性，常常透過援引西方性心理學家的理論，為自己論述背書。[73]例如：張競生引用靄理士為自己護航。他強調自己是受到英國的性心理學家靄理士啟發，模仿他的研究方式，才收集各種個人性經驗數據從事研究。因此，張競生認為《性史》是非常具有科學意義的著作。[74]張競生的研究方法被潘光旦抨擊是拙劣的仿效，與真正的學理研究相差懸殊。潘光旦認為靄理士是「以學理之探討為主體，中間穿插著這種史料，以示例證；至於徵求到的個人自敘的

---

[72] 許維賢，《從艷史到性史：同性書寫與近現代中國的男性建構》（桃園：國立中央大學出版中心，2015），頁54-57。

[73] Howard Chiang, "Epistemic Modernity and the Emergence of Homosexuality in China," *Gender & History* 22:3 (November 2010), pp. 629-657.

[74] 彭小妍，〈張競生的《性史》：色情或性學？〉，《讀書》（2005年8月），頁156-161。

歷史，則擇尤用小字在書尾附印，聊備參考。」[75]可見潘光旦對張競生的反駁仍不表贊同。

　　與張競生的論戰，使潘光旦開始談起靄理士，但初期並未著手翻譯任何靄理士的作品，反而是先出版精神分析學的著作。例如1927年，出版《小青之分析》時，潘光旦更關注女性獨身和晚婚，因此積極以性科學解釋不願步入婚姻的異常。反而，《小青之分析》的出版更可說是潘光旦爭取性學權威的武器。

　　潘光旦開始翻譯靄理士的作品，更可能是出於1930年代正爆發「婦女回家論戰」。此時女性在職業與家庭之間拉扯，保守派強調男女有別，並透過醫學、科學理論作為立論依據，呼籲婦女回家，在女性能夠在專長的領域，也就是家庭，發展賢妻良母的天職。[76]潘光旦同屬保守派，他認為教養子女也是一種社會服務，質疑女性選擇獨身：

> 女子的作業因為生理的基礎不同也不一定要和男子的完全相提並論，成家立業，生兒育女，也未嘗不是為社會服務，並且是為未來的社會服務，責任更是遠大。如果獨身為前提，則當代多一女子服務，即斬斷將來可以為社會服務的一整個血統。這種得不償失的見解與行為，也就不見

---

[75] 潘光旦，《優生概論》（上海：商務圖書館，1936），頁253。
[76] 許慧琦，《「娜拉」在中國：新女性的塑造及其演變（1900s-1930s）》（臺北：國立政治大學歷史學系，2003），頁315-316。

得如何冠冕堂皇了。[77]

　　此外，潘光旦也提出婚姻是一個人類「自然」的發展必經
過程。順應這個自然的人便有諸多好處，對個體健康與道德的正
向影響。例如已婚比獨身來得更長壽、不易發瘋、不容易神經衰
弱、不會坐監牢、容易立業、性格也更小心與節制。[78]

　　依循此發展模式，潘光旦又對女性的身心發展加上生育的條
件。他認為女性必然需要經歷過婚姻與生育，才能達到真正的性
心理成熟期，如：「因為女子不結婚，不生孩子，生理上不經一
度變化，那是不能算發育成熟的」。[79]反映，潘光旦認為婚姻比
起戀愛值得追求，因為婚姻代表了正當的性、生育的性，它才能
夠滿足人類的自然慾望和本能。尤其，對於女性而言，生育更是
她成為成熟人類的必經過程，在未生育之前，女性的身心都處於
幼稚階段。

　　又，因為靄理士認為一夫一妻的婚姻制度是自然的、是根植
於男女兩性的生物構造中，認為一夫一妻制度可更有效達成男女
不同的社會責任，尤其是種族延續。[80]所以潘光旦非常認同靄理

---

[77] 潘光旦，〈優生副刊：獨身的路：現代婚姻討論之二（未完）〉，《華年》，第
　　6卷第18期（1937年），頁373。

[78] 潘光旦，〈優生副刊：談婚姻的動機：現代婚姻問題討論之一（未完）〉，《華
　　年》，第6卷第16期（1937年），頁312。

[79] 潘光旦，〈優生副刊：性與社會：性與青年第二講〉《華年》，第4卷第43期
　　（1935年），頁848。

[80] Jeffrey Weeks著，宋文偉、侯萍譯，《20世紀的性理論和性觀念》，頁56-64。

士對婚姻的看法，在雙方立場相似下，1930年代潘光旦開始翻譯靄理士的作品《男與女》、《性心理研究錄》、《性的教育》、《性的道德》等文章。

潘光旦透過靄理士的性心理論述，自然化一夫一妻的婚姻制度，讓婚姻不只是人工制定的社會制度，更成為女性身心發展所必經的階段。有了西方科學佐證後，潘光旦更進一步提出建言，提早畢業年限，讓女性二十歲，男性二十五歲，就可以修畢高等教育，接著就可以往結婚的路上走。[81]

（二）無法佐證的天生論

從上述脈絡可知潘光旦引介靄理士的理論，是因為靄理士肯定異性戀婚姻與女性承擔母職。但，當潘光旦翻譯靄理士的《性心理》，便不得不面對靄理士的去病化同性戀論點。例如，靄理士不認同環境會影響性向，他認為單一性別的學校內，同性戀風氣是被外界所誇大，很多時候學生都還是喜歡異性。於是，潘光旦作為譯者，他在註釋提出質疑，認為這有中西文化環境的落差所造成。如：

> 靄氏這一番觀察，就男女交際生活比較自由和男女同校的風氣早就開關的歐美情形而論，大概是準確的。但若就

---

[81] 潘光旦，〈優生副刊：性與社會：性與青年第二講〉，頁852。

1、20年前中國的學校而論，男學生間的同性戀的例子是
不太少的。……自男女同校之風開，這種例子當然是一天
少似一天了。但即使在男女同校的學校哩，女同學間的同
性戀例子依然可以找到不少，甚至有相約不嫁或將來共嫁
一人的；不過，這終究是一時情感的表現，及時過邊，年
齡成熟，也就各走異性戀與婚姻的路了。[82]

　　潘光旦以〈中國文獻中同性戀舉例〉一文，作為《性心理》
的附錄文章，可說是以中國的個案重新檢視靄理士的同性戀理
論。在該篇文章，潘光旦爬梳中國歷史文獻中可能是同性戀的人
物，將「同性戀因緣論」分為兩大類：後天說和先天說，試圖整
合自己和靄理士的理論差異。
　　潘光旦彙整中國同性戀的個案，提出兩大類別與四種成因。
一是「後天說」，是指從外部促發同性戀的原因，包含環境劫誘
和意志墮落。二是「先天說」，則是淫惡果報說和因緣輪迴說。
最後，潘光旦評價環境劫誘說是最可能的原因：「四種解釋裡，
不用說，第一種始終有它的地位。第二個就有問題，除非我們相
信意志有時可以絕對自由。第三、第四說我們在今日已不能不放
棄，而代以遺傳之說。」[83]

[82] 潘光旦，〈註釋〉，收入哈夫洛夫・靄理士（Havelock Eliss）著、潘光旦譯，
　　《性心理學》（臺北：左岸文化事業公司，2008），頁242
[83] 潘光旦，〈中國文獻中同性戀舉例〉，收入哈夫洛夫・靄理士（Havelock Eliss）
　　著、潘光旦譯，《性心理學》（臺北：左岸文化事業公司，2008），頁533

不同於過去，這時候潘光旦承認天生同性戀者是有可能的，但是他由於無法舉出天生同性戀的歷史個案。因此，對此觀點抱持懷疑態度，認為在環境有異性的情況下，不大可能「至知命之年而猶不衰？」[84]對於，以天生遺傳解釋同性戀，認為只能有待未來的心理學解決。[85]

（三）同性戀概念女性化

潘光旦不認同靄理士的理論具有普世性，於是他仿效靄理士的研究方法，重新以中國個案檢視其理論。靄理士的研究方式是收集四十多筆同性戀個案，歸納同性戀是正常人。[86]潘光旦則是從歷史文本調查，上溯黃帝到現代的歷史文獻，歸納具有中國文化特色的同性戀。

潘光旦挖掘正史和稗官野史，尋找男同性戀的個案，像是：閹人、伶人和相公等數人。潘光旦證明他們具有同性戀傾向，便嘗試歸納三類男性的特質，是「雖然性別屬男，而頗能執行『妻道』、『妾婦之道』」。[87]對此現象，潘光旦解釋：

> 因為男女兩性中，就發育與分化程度，女性本屬比較落後，或女性發育雖較早，而停止更早，呈一種中途阻滯的

---

[84] 潘光旦，〈中國文獻中同性戀舉例〉，頁533。
[85] 潘光旦，〈中國文獻中同性戀舉例〉，頁533。
[86] Jeffrey Weeks著，宋文偉、侯萍譯，《20世紀的性理論和性觀念》，頁46。
[87] 潘光旦，〈註釋〉，頁242

現象，因此和幼稚狀態（infantilism）很相近，女性的發音
尖銳，頷下不生毛髮等特徵，都是和兒童一般的。……大
凡有被動性的同性戀傾向的男子，在身心兩方面往往和女
子很相像，這是無需再加解釋的。[88]

潘光旦此番解釋，他將靄理士對同性戀的中性論，生理男性
有女性的陰柔氣質，生理女性則有男性的陽剛氣質，融合慾性之
流說。但是，潘光旦並未把男性化的女性，也視為辨識女同性戀
的特徵。他以女扮男裝的花木蘭與祝英台作為反證，認為這類女
性處在「捩轉態度」。[89]「捩轉態度」是靄理士提及異性裝扮癖
的現象，他強調雖然與同性戀可能有連帶關係，但是不能和同性
戀混為一談。[90]另一案例是潘光旦所找到的女性個案，除了馮小
青外，新添增的個案是廣州的不嫁女。歸納女同性戀的特徵，是
否與男性步入婚姻成為判定同性戀的標準。可發現，潘光旦定義
男女同性戀的差異，辨識男性同性戀，是仰賴性別氣質，但判斷
女性是否為同性戀，則是依據結婚與否。換言之，潘光旦辨別男
女同性戀時，有雙重標準。

性別差異所帶來的辨識標準不同，其因之一是潘光旦融合
了的慾性之流說，他一直認為女性生理狀態就像是幼兒，因此更

---

[88] 潘光旦，〈註釋〉，頁242

[89] 潘光旦，〈註釋〉，頁244。

[90] 哈夫洛夫・靄理士（Havelock Eliss）著、潘光旦譯，《性心理學》（臺北：左岸
文化事業公司，2008），頁229。

容易阻滯在同性戀階段。第二因是受陶劉慘案影響，潘光旦同樣認為女性更容易患同性愛。因此，延伸認為男同性戀具有陰柔氣質。但不管男女同性戀，潘光旦都將婚姻成為解決一切問題的萬靈丹，可見潘光旦如同1930年代的心理學家一樣，並不在乎此疾病是否確實影響個體，而是在意異性戀規範的穩固，因此也並未有任何學者，願意進一步進行研究與調查，是否婚姻真的可以改變一個人內心的性傾向。

整體而言，靄理士去病化的同性戀概念，並沒有動搖潘光旦的論點。潘光旦以中國案例作為引證，透過註釋和附錄的方式，挑戰靄理士的論點。因此，雖然潘光旦向讀者介紹靄理士的作品，但他作為譯者的強大能動性，讓他讓自己的研究與解釋與靄理士並列。此寫作策略，可以讓讀者閱讀西方性科學，同時受到潘光旦的指引，以中國自身經驗質疑靄理士，並維繫中國的異性戀規範不受到挑戰。

小結

1930年代之前，女學生以自我經驗和感受，對女性間的情誼多持開放心態，而這之中更積極的女學生更是大聲頌揚女性情誼，並與朋友組成經濟生活的合作夥伴，抵抗單身生活的不易，以此逃離婚姻對自我實踐所形成的阻礙。

但，自1932年陶劉慘案爆發，女學生的同性親密關係被放大

檢視，疾病化的同性戀知識普及，並且開始納入變態心理學的研究範疇。然而，這些研究進展，一是只增加辨識同性戀的特徵，像是不合乎性別氣質，或是選擇不婚的人。二是確認同性戀是一種心理疾病，像是中國學者們批判靄理士對同性戀去病化的解讀。但是，學者們對他們充滿焦慮的心理疾病，並未研究如何治療，千篇一律皆以婚姻作為治癒一切的靈丹。

　　1941年潘光旦譯著靄理士的《性心理學》一書，似乎有機會讓去病化的同性戀得以傳播。但是潘光旦並不是一位單純的譯者，他也是一名學者，他利用靄理士的研究方法，以中國文獻作為材料，挑戰靄理士的論點。提出在中國文化中的同性戀，多具有女性特質、女性更容易患得的性心理疾病，尤其容易因為環境因素而觸發，並將婚姻視為改變性向的解決方法。此時潘光旦的解釋，延續他1920年代所創建的「慾性之流說」，以及加入1930年代陶劉慘案的影響。

　　總的來說，1930年代的同性戀論述，因為陶劉慘案的影響，學者們逐漸願意深入研究和理解同性戀。但是觀察研究結果，同性戀則是日漸汙名，確定成為一種疾病。從分析同性戀的疾病化過程所出現的具體特徵，可反映中國的異性戀規範，極為重視女性婚姻與生育，反而並不在意女性具有陽剛氣質。

▋ 結論

　　1990年代同志運動在臺灣展開，但由於女同性戀比較缺乏實體公共空間的互動場域，主要透過文字串聯彼此，比較不容易被外界關注。[1]若從歷史中尋找女同性戀的身影，也非常難取得，如同潘光旦觀察到傳統故事中女同性戀「見於記載的卻極少」。但，二十世紀上半葉的中國，有一小段獨特的時間，女性成為同性戀論述的焦點。女同性戀在中國正邁入近現代的時期，突然被推向眾人的視線，有其獨特的歷史意義，因此本文企圖從「女性」與「同性戀」的視角，回答曼素恩（Susan Mann）所歸納的大哉問：為何「從傳統到現代，男女作為新觀念、新的範疇，它影響許多領域的變遷以及重塑了社會秩序。但是為什麼異性戀規範式的慣習，例如男／女、丈夫／妻子仍然穩固，父系的家庭系統毫無受損？」[2]

---

[1]　張小虹、鄭美里，〈突破異性戀機制的壟斷──女同志理論〉，收入顧燕翎主編，《女性主義理論與流變》（臺北：貓頭鷹出版家庭傳媒城邦分公司，2019），頁334-345

[2]　Susan L. Mann, *Gender and Sexuality in Modern Chinese History* (Cambridge: Cambridge University Press, 2011), p. xvii.

中國經歷過五四新文化運動後，自由戀愛取代傳統媒妁之言，一夫一妻制度取代三妻四妾。婦女運動也鼓勵女性走出家庭，在公共領域擁有職業、婚姻的選擇權。隨著女性的能動性增強，衝擊舊有的異性戀規範與性別結構，引起了社會部分人士的焦慮，並試圖重新建立具有科學背書的新論述模式，以勸說女性結婚生子、相夫教子。

　　過往已有許多研究，分析各種形塑女性成為賢妻良母的方式。但是，游離於家庭之外的女性，又是如何？若沒有任何處罰，似乎游離於制度之外也不無不可。因此討論游離於婚姻之外的女性，她是如何被理解的，有其必要。本文發現女同性戀論述的汙名化和疾病化，正是維繫異性戀規範穩固的關鍵，此汙名化論述成為一股推力，促使女性步入家庭。這股論述推力是以性科學知識重新包裝異性戀規範，以穩固男／女與丈夫／妻子的社會結構，並賤斥游離於此框架之人。以下將分述討論女同性戀論述作為女性邁向婚姻推力的特色：

　　第一項，同性戀是好發於女性的性心理疾患。自1920年代潘光旦對明代馮小青的研究，再到1930年代的陶劉慘案，透過書籍出版、報紙與雜誌，和閱讀市場對女性的獵奇心理，社會所接觸的同性戀案例皆是女性。讓大眾有了女性容易成為同性戀的印象，此印象促使學界又製造更多的「事實」，加強女性和同性戀的連結，導致社會將同性戀理解成女性容易染上的疾病，以及以具有陰柔氣質的作為辨識男同性戀。此一特色，進而削弱了女性

的自我意志，讓所有未婚女性，皆等同於心理發展未成熟的病人，無法為自己做出正確選擇。正如潘光旦便認為，選擇不婚的女性，便是停留在不成熟的、幼稚的性發展階段。

第二項，異性戀規範的核心是婚姻與生育。學者Oosterhuis指出西方的性心理學發展之初，展現了幾種性慾現代性，其一是在界定性慾正常與異常時，不再是以是否能夠生育作為界線，反而是正常與異常之間充滿模糊與矛盾的灰色地帶。[3]這一點特色，並未出現在中國同性戀論述。在疾病論派，潘光旦便是以婚姻和生育，作為女性的性心理發展的成熟階段之標準。在去病化理論的引介過程，也同樣發現類似的困境。例如胡秋原縱使擁護加本特的中性論，在辨別好、壞同性戀時，仍以性行為與生育作為判定界線，值得崇尚的同性戀並不會涉及性行為。再者，陶劉慘案的法官，判定陶、劉二人是同性戀，也是關注在兩人相約選擇「不婚」。

從上所述，可發現社會改變對性慾的理解，不完全是因為知識而已。知識分子引進西方性科學知識後，並沒有同樣讓中國走向一致的「性的現代性」（Sexual Modernity），中國知識分子看待性行為與性慾仍然以生育作為正常與異常的界線標準。甚至，中國挪用西方性科學更加穩固生育與異性戀規範。

上述兩種特點結合，使得未婚女性皆被視為潛在的女同性戀。

---

3   Harry Oosterhuis, "Sexual Modernity in the Works of Richard von Krafft-Ebing and Albert Moll," *Medical History* 56.2 (2012), p. 143.

因此，外界可不顧慮未婚女性的自由意志，讓女性的生涯規劃，更貼合異性戀規範的需求。像是潘光旦，他以預防同性戀發生，推動男女同校的改制，或是提早讓女性完成學業，步入家庭。並且指責獨身與晚婚的女性，是放縱自己陷入疾病而不自救。

此外，「好發於女性」和「異性戀規範的核心是婚姻與生育」的論述特點得以發揮影響，壓制女性自我經驗，仰賴一群掌握外語能力、性科學知識和出版資源的男性知識分子。他們共有的價值觀，使得他們在引介新知識時，得以發揮中介者的能動性，過濾不需要的資訊，引介有用的知識，或詮釋性科學知識時，會符合異性戀規範的需求表達。

縱使去病化與疾病化的論述，在同個時間點進入中國，但在論述競爭的過程，疾病化論述得以走向主流，也有中國的地方性影響。一是陶劉慘案的影響，二是潘光旦的書寫策略更成功於直接翻譯原典。例如陶劉慘案的大肆報導，女同性戀的標籤更加負面，大量的疾病化論述出現在報刊，專業的心理學書籍，取得權威學者的認可。這些因素加成下，使得選擇獨身的女性被貼上疾病的標籤，以及壓縮了女性表達自身經驗與體會的空間。

取代女性聲音的是男性知識分子以科學包裝的知識。潘光旦以性科學知識重新詮釋歷史，以此引介同性戀知識，比起直接翻譯，更能夠讓讀者認同性科學理論。相對下，《愛的成年》中的中性論直接翻譯原典，缺乏嫁接中國典故與事實。又因為出版社和周作人，將此說放在異性戀愛視角介紹，使得讀者理解重點多

不放在中性論。上述原因使得《中性論》並未被眾人所注意，反而是留日學生受到日本知識界影響，以中性論討論同性戀問題，才將此論述帶回中國。但，兩人的討論仍深受異性戀規範的影響，並無挑戰異性戀的性行為、婚姻和生育議題。此特色更顯現在中國社會中，生育是異性戀規範中最被重視的項目。

整體而言，回應曼素恩的提問，實際上新觀念是不足以打破舊有的異性戀結構。因為掌握話語權的男性，在介紹性科學時並非全然接收西方的價值，他們內心存在一道濾網，過濾掉挑戰異性戀的性行為與生育的知識。從女同性戀論述發展歷程，可觀察到男性掌握性科學知識的詮釋，並以此壓制女性自我經驗的感受。比照日本《中性論》的發展，此論的引介者，是主張不婚的女性知識分子，她們以此知識支持日本女性不婚與女同性戀的生活方式。兩國的發展差異，反映縱使科學是強大的論述武器，可以挑戰傳統改革現代，但關鍵是誰掌握科學的詮釋權，以及誰握有宣傳知識的資源。

▎徵引書目

一、史料

《上海智仁勇女校廿二年級級刊》，（上海），19??。

《大公報》，（天津），1931。

《中華教育界》，（上海），1932。

《中學生》，（上海），1932。

《少年中國》，（上海），1919-1924。

《民國日報·平民》，（上海），1920-1924。

《民國日報·婦女評論》，（上海），1921-1922。

《民國日報·婦女週報》，（上海），1923-1926。

《民國日報·覺悟》，（上海），1920-1929。

《申報》，（上海），1920-1934。

《宇宙風：乙刊》，（上海），1939-1941。

《西風》，（上海），1939。

《京報副刊》，（北京），1924-1926。

《東方雜誌》，（上海），1933。

《社會日報》，（上海），1938。

《青年界》，（上海），1932-1934。

《玲瓏》，（上海），1931-1937。

《真美善》，（上海），1927-1931。

《婦女共鳴》，（上海），1930。

《婦女雜誌》，（上海），1918-1925。

《清華生活──清華十二周年紀念號》，（北京），1923。

《清華周刊》，（北京），1921-1926。

《華年》，（上海），1932-1937。

《新青年》，（北京），1918。

《實業界專刊》，（上海）1932。

北京清華學校圖書館，《清華學校圖書館中文書籍目錄》，北京：北京清
　　華學校，1927。

北京清華學校編，《游美同學錄》，北京：北京清華學校，1917。

任白濤譯，《戀愛心理研究》，上海：亞東圖書館，1927。

后安譯，《愛的成年》，北京：晨報社，1920。

西格蒙德・佛洛伊德（Sigmund Freud）著，彭舜譯，巫毓荃審定，《精神
　　分析引論》，臺北：左岸文化事業公司，2018。

吳致覺，《心理學原理》，上海：商務印書館，1923。

吳致覺，《教育心理學》，上海：商務印書館，1923。

周作人，《周作人日記》，北京：新華書店，1996

周作人，《周作人先生文集》，臺北：里仁書局，1982。

哈夫洛夫・靄理士（Havelock Eliss）著，潘光旦譯，《性心理學》，臺
　　北：左岸文化事業公司，2008。

桂質良，《女人之一生》，南京：正中書局，1937。

高覺敷，《精神分析引論新編》，上海：商務印書館，1936。

高覺敷編，《青年心理與訓育》，南京：正中書局，1942。

張潮，《虞初新志》，北京：文學古籍刊行社，1954，重印開明書店紙
　　版。張潮，《虞初新志》，北京：文學古籍刊行社，1954，重印開明
　　書店紙版。

張京媛編著，《中國精神分析學史料》，臺北：唐山出版社，2009。

張東蓀，《精神分析ABC》，上海：世界書局，1929。

張競生，《性史》，臺北：大辣出版社，2005。

曹觀來，《青春生理談》，南京：正中書局，1936。

郭一岑、吳紹熙編，《教育心理學（上冊）》，香港：中華書局，1938。

郭任遠，《人類的行為》，臺北：萬年輕書店，1971。

郭昭熙譯，《愛的成年》，上海：大江書鋪，1929。

陳大齊，《心理學大綱》，上海：商務印書館，1918。

陳文述編，《蘭因集》，收入《叢書集成續編·史地》第237冊，臺北：新
　　文豐出版社，1991。

梁啟超，《中國歷史研究法補編》，臺北：臺灣商務印書館，1976。

莫戴爾（Albert Mordell）著，宋碧雲譯，《愛與文學》，臺北：遠景出版
　　事業公司，1982。

琦君，《媽媽銀行》，臺北：九歌出版社，1992。

黃維榮，《變態心理學ABC》，上海：世界書局，1928。

黃維榮主編，《郭任遠心理學論叢》，上海：開明書店，1929。

楊鄂聯編，《女子心理學》，上海：商務印書館，1924。

樊仲雲譯，《加本特戀愛論》，上海：開明書店，1927。

樊炳清，《心理學要領》，上海：商務印書館，1920。

潘乃穆、潘乃和編，《潘光旦文集》，北京：北京大學出版社，2000。

潘光旦，《小青之分析》，上海：新月書店，1927。

蕭孝嶸，《變態心理學》，南京：正中書局，1934。

Mordell, Albert. *The Erotic Motive in Literature.* New York: Boni and Liveright, 1919.

二、中文書籍

《同性愛問題討論集》，上海：北新書局，1930。

Cheshire Calhoun著，張娟芬譯，《女同出走》，臺北：女書文化，1997。

Deborah T. Meem / Michelle A. Gibson / Jonathan F. Alexander著，葉宗顯、黃元
　　鵬譯，《發現女同性戀／男同性戀／雙性戀與跨性別》，臺北：韋伯
　　文化國際出版有限公司，2012。

Jeffrey Weeks著，宋文偉、侯萍譯，《20世紀的性理論和性觀念》，南京：
　　江蘇人民出版社，2002。

Sarah Maza著，陳建元譯，《想想歷史》，臺北：時報文化出版公司，
　　2018。

工藤貴正著，範紫江、張靜、吉田陽子翻譯，《廚川白村現象在中國與臺
　　灣》，臺北：秀威資訊科技公司，2017。

王明珂，《反思史學與史學反思》，臺北：允晨文化公司，2015。

北京圖書館編，《民國時期總書目（1911-1949）社會科學（總類部
　　分）》，北京：書目文獻出版社，1995。

田露，《20年代北京的文化空間：1919-1927年北京報紙副刊研究》，上
　　海：社會科學文獻出版社，2015。

沈國威，《近代中日詞彙交流研究》，北京：中華書局，2010。

周川主編，《中國近現代高等教育人物辭典，福建：福建教育出版社，
　　2012。

姚一鳴，《中國舊書局》，北京：金城出版社，2014。

紀大偉，《同志文學史》，臺北：聯經出版事業公司，2017。

胡延峰，《留學生與中國心理學》，天津：南開大學出版社，2009。

桑梓蘭，《浮現中的女同性戀——現代中國的女同性愛欲》，臺北：國立
　　臺灣大學出版中心，2014。

張玲霞，《清華校園文學論稿》，北京：清華大學出版社，2002。

張靜盧輯著，《中國現代出版史料甲編》，北京：中華書局，1954。

梁庚辰主編，《心理學：身體、心靈與文化的整合》，臺北：國立臺灣大
　　學出版中心，2018。

清華大學校史研究室編，《清華人物志（二）》，北京：清華大學出版
　　社，1992。

清華大學校史編寫組編，《清華大學校史稿》，北京：清華大學出版社，
　　1981。

許維賢，《從艷史到性史：同性書寫與近現代中國的男性建構》，桃園：
　　國立中央大學出版中心，2015。

許慧琦，《「娜拉」在中國：新女性的塑造及其演變（1900s-1930s）》，
　　臺北：國立政治大學歷史學系，2003。

郭昭熙譯，卡本特著，《愛的成年》，上海：大江書鋪，1929。

費孝通著，會海明譯，《中國紳士》，北京：中國社會科學出版社，
　　2006。

黃金麟，《政體與身體：蘇維埃的革命與身體，1928-1937》，臺北：聯經
　　出版事業公司，2005。

劉詠聰，《女性與歷史——中國傳統觀念新探》，臺北：臺灣商務印書
　　館，1995。

閻書昌，《中國近代心理學史（1872-1949）》，上海：上海教育出版社，
　　2015。

三、中文論文

王秀雲，〈疾病與「天生如此」的戰場：近代醫療科學史中的同性戀〉，
　　收入陳美華、王秀雲、黃于玲主編，《欲望性公民：同性親密公民權
　　讀本》，臺北：巨流圖書公司，2018。

王學玲，〈女性空間的召魂想像與題詠編織——論陳文述的「美人西
　　湖」〉《中央大學人文學報》，第四十六期，2011年4月，頁45-92。

呂文浩，〈個性解放與種族責任之張力——對潘光旦婦女觀形成過程之考
　　察〉，《清華大學學報》，第31卷第一期，2016年1月，頁125-135。

李世鵬，〈公眾輿論中的情感和性別——陶思瑾案與民國女性同性愛話
　　語〉，《婦女研究論叢》，第5期，2017年9月，頁60-78。

衣若蘭，〈陳東原《中國婦女生活史》與「五四婦女史觀」再思〉，《近
　　代中國婦女史研究》，第34期，2019年12月，頁2-68。

板橋曉子著，板橋曉子、蔡燕梅譯，〈圍繞才女的評論〉，收入小濱正
　　子、下倉涉、佐佐木愛、高嶋航、江上幸子編，《被埋沒的足跡：中
　　國性別史研究入門》，臺北：國立臺灣大學出版中心出版，2020，頁

401-414。

胡博，〈新月書店考〉，《文學評論》，第六期，中國社會科學院文學研究所，2015年11月，頁160-168。

胡纓，〈歷史書寫與新女性形象之初立：從梁啟超〈記江西康女士〉一文談起〉，《近代中國婦女史研究》，第9期，2001年08月，頁1-29。

倪平，〈新月派的兩個支柱：書店、月刊的起迄〉，《中國現代文學研究叢刊》，第六期，中國現代文學館，2005年12月，頁269-279。

涂豐恩，〈明清書籍史的研究回顧〉，《新史學》，二十卷一期，2009年3月，頁181-215。

袁書菲（Sophie Volpp），〈規範色慾：十七世紀的男色觀點〉，收入張宏生主編，《明清文學與性別研究》，南京：江蘇古籍出版社，2002。

張素玲，《女大學生與中國現代教育》，上海：華東師範大學教育學研究所博士論文，2004。

清地ゆき子著，桃紅譯，〈近代譯詞「戀愛」的成立及其譯譯的普及〉，《東亞觀念史集刊》，第六期，2014年6月，頁255-300。

陳美華，〈重構親密領域：複數的性、關係與家庭構成〉，收入陳美華、王秀雲、黃于玲主編，《慾望性公民：同性親密公民權讀本》，臺北：巨流圖書公司，2018。

游鑑明，〈千山我獨行？廿世紀前半期中國有關女性獨身的言論〉，《近代中國婦女史研究》，第9期，2001年8月，頁121-187。

馮客，〈對孫隆基先生〈論中國史之傅柯化〉的回應〉，《中央研究院近代史研究所集刊》，第44期，2004年9月，頁195-198。

孫飛宇，〈自戀與現代性：作為一個起點的馮小青研究〉，《社會學評論》，2021年第2期，頁5-30。

黃四婷，〈潘光旦先生與同性戀研究〉，收入陳里、郭衛平、王慶仁主編，《潘光旦先生百年誕辰紀念文集》，北京：中央民族大學出版社，2000。

黃克武，〈梁啟超與中國現代史學之追尋〉，《近代史研究所集刊》，第41期，2003年09月，頁281-213。

葉秋妍，〈民國時期對於性與性教育問題的探討（1920-1937）〉，桃園：
　　中央大學歷史所碩士論文，2013。
葉德蘭，〈良言傷人，六月亦寒：台灣反對同性婚姻網路言論探析〉，
　　《考古人類學刊》，第86期，2017年6月，頁69-110。

四、英文專書

Brady, Sean. *Masculinity and Male Homosexuality in Britain, 1861-1913*. New York:
　　Palgrave Macmillan, 2005.

Chiang, Howard. *After eunuchs: science, medicine, and the transformation of sex in modern
　　China*. New York: Columbia University Press, 2018.

Dikötter, Frank. *Sex, Culture and Modernity:Medical Science and the Construction of
　　Sexual Identities in the Early Republican Period*. Hawaii: University of Hawaii Press,
　　1995.

Garton, Stephen. *Histoies of Sexualiy: Antiquity to Sexual Revolution*. London: Acumen
　　Publishing, 2004.

Halperin, David M. *How to Do the History of Homosexuality*. Chicago: Chicago
　　University Press, 2002.

Halperin, David M. *One Hundred Years of Homosexuality*. NY: Meridian, 1990.

Kang, Wenqing. *Obsession: Male Same-Sex Relations in China, 1900-1950*. Hong Kong:
　　Hong Kong University Press, 2009.

Ko, Dorothy. *Teachers of the Inner Chambers: Women and Culture in Seventeenth-
　　Century China*. Stanford: Stanford University Press, 1994. 中譯本參閱：高
　　彥頤（Dorothy Ko）、李志生譯，《閨塾師：明末清初江南的才女文
　　化》，江蘇：江蘇人民出版社，2005。

Mann, Susan L. *Gender and Sexuality in Modern Chinese History*. Cambridge:
　　Cambridge University Press, 2011.

Meeker, Martin. *Contacts Desired: Gay and Lesbian Communications and Community,*

1940s-1970s. Chicago: University of Chicago Press, 2006.

Pflugfelder, Gregory M. *Cartographies of Desire: Male-Male Sexuality in Japanese Discourse, 1600-1950*. Berkeley: University of California Press, 1999.

Rowbotham, Sheila. *Edward Carpenter: A life of Liberty and Love*. London: Verso, 2008.

Sommer, Matthew H. *Sex, Law and Society in Late Imperial China*. Stanford: Stanford University Press, 2000.

Sedgwick, Eve Kosofsky. *Epistemology of the Closet*. Berkeley: University of California Press, 1990.

Weeks, Jeffrey. *What is Sexual History?*. Cambridge: Polity Press, 2016.

五、英文論文

Baum, Emily "Spit, Chains, and Hospital Beds: A History of Madness in Republican Beijing, 1912-1938." PhD dissertation, University of California, San Diego, 2013.

Beachy, Robert. "German Invention of Homosexuality." *The Journal of Modern History* 82:4, December 2010, pp. 801-838.

Bennett, Judith M. "'Lesbian-Like' and the Social History of Lesbianisms." *Journal of the History of Sexuality* 9, no. 1/2, January/ April 2000, pp. 1-24. .

Boswell, John "Revolution, Universals, and Sexual Catagories." In Martin Duberman, Martha Vicinus and George Chauncey, Jr. eds., *Hidden from History: Reclaiming the Gay and Lesbian Past*. NY: Meridian, 1990.

Brown, Tony. " Introduction." In Tony Brown, ed., *Edward Carpenter and Late Victorian Radicalism*. London: Frank Cass, 1990.

Carroll, Peter J. ""A Problem of Glands and Secretions" : Female Criminality, Murder, and Sexuality in Republic China." In Howard Chiang, ed., *Sexuality in China: Histories of Power & Pleasure*. Seattle: University of Washington Press, 2018.

Chiang, Howard "Epistemic Modernity and the Emergence of Homosexuality in China." *Gender & History* 22:3, November 2010, pp. 629-657.

Darnton, Robert "What Is the History of Books." In *The Kiss of Lamourette: Reflections in Cultural History*. New York: Norton, 1990.

Hengstberger, Peter. "The Work of Trigant Burrow and Homophobia as a Social Image." *Group Analysis* 50:4, December 2017, pp. 467-477.

Hsu, Rachel Hui-Chi. "The "Ellis Effect": Translating Sexual Science in Republic China, 1911-1949." In Veronika Fuechtner, Douglas E. Haynes, and Ryan M. Jones, ed., *A Global History of Sexual Science, 1880-1960*. California: University of California Press, 2018.

Rocha, Leon Antonio "Xing: The Discourse of Sex and Human Nature in Modern China." *Gender & History* 22:3, November 2010, pp. 603-628.

Sommer, Matthew H. "Reviewed Work(s): Obsession: Male Same-Sex Relations in China, 1900-1950." *The Journal of Asian Studies*, 71:1, February 2012, pp. 212-213.

Suzuki, Michiko. "The Translation of Edward Carpenter's *The Intermediate Sex* in Early Twentieth-Century Japan." In Heike Bauer, ed., *Sexology and Translation: Cultural and Scientific Encounters across the Modern World*. Philadelphia: Temple University Press, 2015.

Volpp, Sophie. "Reviewed Work(s): Sex, Law and Society in Late Imperial China." *Journal of the History of Sexuality*, 10:3/4, July- October, 2001, pp. 588-591.

Oosterhuis, Harry. "Sexual Modernity in the Works of Richard von Krafft-Ebing and Albert Moll." *Medical History* 56.2, 2012, pp. 133-155.

史地傳記類　PC1079　國立臺灣師範大學歷史研究所專刊45

被創造的疾病
——近代中國女同性戀論述之轉變（1920s-1940s）

作　　　者/許維安
責任編輯/孟人玉
圖文排版/陳彥妏
封面設計/王嵩賀

發　行　人/宋政坤
法律顧問/毛國樑　律師
出　　　版/國立臺灣師範大學歷史學系、秀威資訊科技股份有限公司
印製發行/秀威資訊科技股份有限公司
　　　　　114台北市內湖區瑞光路76巷65號1樓
　　　　　電話：+886-2-2796-3638　傳真：+886-2-2796-1377
　　　　　http://www.showwe.com.tw
劃撥帳號/19563868　戶名：秀威資訊科技股份有限公司
　　　　　讀者服務信箱：service@showwe.com.tw
展售門市/國家書店（松江門市）
　　　　　104台北市中山區松江路209號1樓
　　　　　電話：+886-2-2518-0207　傳真：+886-2-2518-0778
網路訂購/秀威網路書店：https://store.showwe.tw
　　　　　國家網路書店：https://www.govbooks.com.tw

2023年3月　BOD一版
定價：280元
版權所有　翻印必究
本書如有缺頁、破損或裝訂錯誤，請寄回更換

讀者回函卡

國家圖書館出版品預行編目

被創造的疾病:近代中國女同性戀論述之轉變
(1920s-1940s) / 許維安著. -- 一版. --臺北市:
秀威資訊科技股份有限公司, 2023.03
　　面；　公分. -- (史地傳記類)
BOD版
ISBN 978-626-7187-20-3(平裝)

1.CST: 同性戀　2.CST: 性別認同　3.CST: 中國

544.753　　　　　　　　　　　111015739